孙　楠　中关村英睿大信息产业人力资源联盟理事长
韦　毅　碧桂园创投董事总经理 / 英国皇家特许会计师
华　敏　阳光人寿招聘与员工关系处处长
康　路　《财经》新媒体付费内容总监 / 资深编辑
陈　磊　央视频运营高级经理 / 京机私董会召集人
刘金蕾　科大讯飞北部人力资源总监
王　京　网易七鱼北区总监
刘慧霞　新浪人力资源部高级经理
杜国亮　京东国际供应链电脑数码管理负责人

☆ 联袂推荐 ☆

> 在人生的每一时刻,
> 明日之我不过是现在之我而已。
>
> 奥斯卡·王尔德(Oscar Wilde)
> 《狱中记》(*De Profundis*)

生而不同

从MBTI走出的职场潜能者

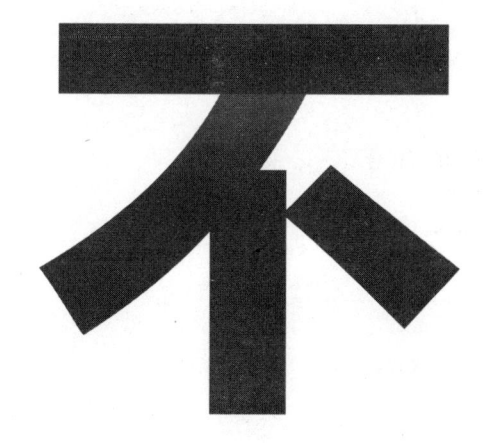

李亮 著

职业心理资本系列丛书

中国纺织出版社有限公司

内 容 提 要

本书从组织行为和心理测量的角度阐述职场人士的两种性格管理模式：向内管理（自我管理），向外管理（关系管理）。向内管理实现自身从思维到性格的改变，向外管理实现与同事和朋友之间的相互成就。讲述现代职场人力资源管理不再仅仅依靠测评工具，而是升级到关于人的性格和潜能开发研究的前沿理论与实践经验，全书共讲述了4种性格需求模型，8种领导风格，24种人际关系互动模式，采用了30多个实用案例，共计分析了46种思维特质，讲述现代人才管理的模型、人的潜能开发与人才培养体系建设，帮助想要实现职场突破的人士轻松破解他们的职业性格密码。

图书在版编目（CIP）数据

生而不同：从MBTI走出的职场潜能者 / 李亮著. -- 北京：中国纺织出版社有限公司，2023.3
ISBN 978-7-5229-0027-8

Ⅰ. ①生… Ⅱ. ①李… Ⅲ. ①人力资源管理—研究 Ⅳ. ①F243

中国版本图书馆CIP数据核字（2022）第207050号

责任编辑：史 岩　责任校对：高 涵　责任印制：储志伟

中国纺织出版社有限公司出版发行
地址：北京市朝阳区百子湾东里A407号楼　邮政编码：100124
销售电话：010—67004422　传真：010—87155801
http://www.c-textilep.com
中国纺织出版社天猫旗舰店
官方微博 http://weibo.com/2119887771
三河市延风印装有限公司印刷　各地新华书店经销
2023年3月第1版第1次印刷
开本：710×1000　1/16　印张：14
字数：206千字　定价：68.00元

凡购本书，如有缺页、倒页、脱页，由本社图书营销中心调换

推荐序

生而不同

做为一名从业 15 年的职业人士，说我不了解 MBTI 必定是不服气的，无论是工作中，还是生活和社会交往中，MBTI 已然成为我职业生涯的必备工具。但当李亮老师问我对 MBTI 的了解有多深的时候，我心里莫名的少了些底气。因为十多年的朋友，他了解我，而我更了解他，经历了多年头部企业人力资源管理的实践、北京大学的理论学习沉淀，他扎实的管理学、心理学功底，以及专注执着的职业态度，使我折服。

于是我们约在一个午后展开关于 MBTI 应用的 PK，当然更多是我的故意"找茬"，我抛出了一个又一个的疑问，比如，我认为 MBTI 更多应该用于团队的配置，合适的人安排适合的位置，但是我并不能认可人人都是卓越领导者；在这些年的人力资源工作中，于我而言最难的地方就是人是会变的，如何用 MBTI 来应对人性的反复与变化，等等。如果你把 MBTI 只当成一门课程，那么你仅学习了一些知识；如果把 MBTI 只当作工具，那么只能是让你看起来更加的专业；如果把 MBTI 当作一个业务领域，那么它可能会成为成就你事业的助推器。实际上，MBTI 不只是知识、工具或业务领域，而是一种人类行为的语言。李老师用他二十年的实践、探索和研究，用大量的案例和模型从人类行为语言层面打开了我关于 MBTI 认知的思维局限。

我们每个人都身处一个复杂多变的社会网络里，每个子网里都有特定的岗位，每个岗位随时都在与周围的一切发生着联系，并推动你朝着或好或坏的方向前进。作为一位成年人，无论你最重要的人生价值和目标是什么，你的人格素质和人生信条决定了你会选择怎么样的路去实现目标。如果你觉得人生顺意，说明你在人生网络的每一类特定岗位都很好的发挥了你的特质优势，反之，如果你认为诸事不顺，可能你要重新审视，你是否找到了那个让你的特质真正占优势的岗位，你是否理解了自己的"生而不同"。

每一门语言，都是打开一种思维方式的钥匙，《生而不同：从MBTI走出的职场潜能者》一书带我们从人类行为语言的维度重新认识MBTI。

李老师曾对我说过："世界上没有长相和行为一模一样的人，一个人也没有什么绝对的优势和劣势。如果你过度的使用自己的优势，那么这种优势就会变成劣势；同样，如果你能管理好自己性格上的短板，那么这种短板也可以成为你的优势。因为无论我与你是何种关系，我们都应该懂得：我和你是两名完全不同的击鼓手，而为了让我们之间的击鼓旋律保持和谐，我们只能努力地适应和理解对方的击鼓节奏"。这段话启发了我。

我们为什么总是忍不住要去改变别人呢？事实上，生而不同，人人相异，不是很好的一件好事吗？恰恰如此，我们也才成为了一个不同于其他人的独特个体。我们遵从自己独有的特质、需求、动机、思想、感情及信念，用我们擅长的行为语言与这个世界链接。这种生而不同的"天性"，构筑了我们的兴趣、职业生涯和人际网络，让我们影响着别人，也被别人影响着。李亮老师通过《生而不同：从MBTI走出的职场潜能者》一书在人格心理学领域做了一番巡礼，将反映人的特性的案例故事与科学研究相结合，同时，附上了一份专业职业心理问卷和三套极具应用价值的性格管理工具包，用MBTI这一测量工具，向我们展示了这种"天性"的奇妙之处。兼具专业性与普及性，既可供职场人士和心理学爱好者品读，又可使大众读者从中发现自己的性格密码，这些都会使读者耳目一新，这也就是阅读《生而不同：从MBTI走出的职场潜能者》这本书的乐趣所在。

孙楠

中关村软件园人力资源部部长

中关村英睿大信息产业人力资源联盟理事长

2022年12月10日（周六）于北京

目 录

不一样的击鼓手 /001

引言 用你自己的声音唱歌

一、君之如是,何以致之 /008
二、个性不同,天生如此 /012
三、自我发展与职业提升 /015

第一部分 向内管理

第一章 坚忍不拔的 SP 型人 /018

迈尔斯为技艺者取名为"感官敏锐者",简称 SP 型人。这种类型的人"适应性强""具备与生俱来的美德""运动神经发达""了解现实状况且从不与现实抗争""思想开明无偏见"。在行动上,SP 型人更倾向于经济实惠的行动方式,不喜欢循序渐进,却具备运用工具的天赋。总之,SP 型人懂得"享受生活"。

思维 1:能够务实地面对一切 /019
思维 2:总是对未来保持乐观 /020
思维 3:回望过去时抱着玩世不恭的态度 /021
思维 4:总是从"这里"开始 /022
思维 5:一切都从"现在"开始 /022
思维 6:天生兴奋 /023
思维 7:信赖冲动 /024

思维 8：渴望影响力 / 025

思维 9：追求刺激 / 026

思维 10：珍视大度 / 026

思维 11：立志成为某一领域的名家 / 026

思维 12：擅长通过谈判解决问题——谈判专家 / 027

第二章 温良泛爱的 NF 型人 / 028

迈尔斯为理想者取名为"愿景主义者"，简称 NF 型人。这种类型的人对理想、真理、正义、正直、美德是如此的热爱。甚至愿意为之献身。同时，NF 型人大都热情奔放，并且从不吝惜自己的赞美之词——对所有的人。所以，我们常常会渴望被他们的热情所感染，并"觊觎"他们的赞美。

思维 1：总是无私地面对一切 / 028

思维 2：展望未来时的轻信 / 029

思维 3：喜欢神秘莫测的过去 / 030

思维 4：总是将时间定格在明天 / 030

思维 5：宽宏大量，信赖包容 / 030

思维 6：热情与愤怒的混合体 / 031

思维 7：信赖直觉 / 032

思维 8：渴望浪漫 / 033

思维 9：追求个性 / 033

思维 10：珍视认可 / 035

思维 11：渴望成为圣贤 / 035

思维 12：具有强大的感召力——催化剂式的领导 / 036

第三章 深思熟虑的 NT 型人 / 037

迈尔斯认为理性者属于"直觉思考"型的人，简称 NT 型人。这种类型的人观点及行为方式都较为"抽象"，且"善于分析"，有"较强的能力"。同时，NT 型人思想复杂，对凡事都感到很"好奇"，注重高效率的他们对所有事情的要求都十分"严格"，而且他们自身极其聪颖和独立，具有很强的创造力和逻辑能力。他们通常具有较高的"科学素养""做事有条理，喜爱钻研且擅长"理论工作"。

思维 1：以注重实效的态度面对一切 / 037

思维 2：展望未来时总是多疑　　　　　　　　　　/ 038

思维 3：回望过去时的相对而论　　　　　　　　　/ 039

思维 4：偏爱条理与安宁　　　　　　　　　　　　/ 039

思维 5：本性沉着镇静　　　　　　　　　　　　　/ 040

思维 6：信赖理智　　　　　　　　　　　　　　　/ 041

思维 7：渴望成就　　　　　　　　　　　　　　　/ 041

思维 8：追求知识　　　　　　　　　　　　　　　/ 042

思维 9：珍视敬重　　　　　　　　　　　　　　　/ 043

思维 10：擅长思辨和战略规划——预想家式的领导　/ 043

第四章　审慎克己的 SJ 型人　　　　　　　　　　/ 044

迈尔斯称护卫者为"凭感觉做判断"型的人，简称 SJ 型人。这种类型的人性格"保守"，能够"持之以恒"，因此值得"信赖"。SJ 型人注重细节和实际，工作勤奋且任劳任怨，有耐性，不屈不挠，循规蹈矩，感知力强，且"可靠"。他们既是秩序和规则的捍卫者，也是意志坚定的支持者。

思维 1：尽职尽责地面对一切　　　　　　　　　　/ 044

思维 2：展望未来时的悲观　　　　　　　　　　　/ 045

思维 3：回望过去时的坚忍克己　　　　　　　　　/ 045

思维 4：总是将目光的焦点落在昨天　　　　　　　/ 046

思维 5：压力之下表现严厉　　　　　　　　　　　/ 047

思维 6：本性多虑　　　　　　　　　　　　　　　/ 048

思维 7：信赖权威　　　　　　　　　　　　　　　/ 048

思维 8：渴望归属感　　　　　　　　　　　　　　/ 049

思维 9：追求安全感　　　　　　　　　　　　　　/ 050

思维 10：珍视感恩　　　　　　　　　　　　　　 / 050

思维 11：立志成为维护秩序的管理者　　　　　　 / 051

思维 12：善于建立细致的规则——安定剂式的领导 / 051

第五章　请理解我们　　　　　　　　　　　　　　/ 053

假如你愿意大度地包容我的渴望或信仰，或是宽容地接纳我的情绪、需要或行为，那么，你便为自己的人生开辟了一种新的可能。也许，有一天，你会觉得我的这些思维及行为方式似乎并不像你当初认为的那样；或者，最终，你会觉得它们看起来似乎并没有任何不妥。请你记住，要理解我，首先需要包容我。

一、SP 型人需要迎接挑战　　　　　　　　　　　　／054
二、NF 型人需要积极的社交环境　　　　　　　　　／058
三、稳定的环境对 NT 型人很重要　　　　　　　　　／062
四、安全感是 SJ 型人一生的追求　　　　　　　　　／066

第二部分　向外管理

第六章　如何积极有效地沟通　　　　　　　　　　／074

沟通指的是彼此之间相互传递信息、思想和感受。良好的沟通是双方尊重和信任得以建立的基础。人们有各种各样的理由来与人进行沟通，比如为了使他人了解并理解自己，或者希望对他人的态度以及行为施以一定的影响。但是在现实生活中，沟通虽然经常被人们提及，但是又常常遭到人们的忽视，没有给予它应有的重要位置，甚至还感觉这是理所当然的事。

一、我们为什么总是被人误解　　　　　　　　　　／074
　　方略 1：大胆直接，描绘战略蓝图　　　　　　　／078
　　方略 2：活泼乐观，讲述动人的故事　　　　　　／082
　　方略 3：坦诚优雅，给予赞美　　　　　　　　　／085
　　方略 4：严谨高效，自信而富有逻辑　　　　　　／088
　　方略 5：随和谦逊，照顾各方利益　　　　　　　／090
　　方略 6：分析探索，给予中肯的评论　　　　　　／094
　　方略 7：精确详细，振奋人心　　　　　　　　　／096
　　方略 8：独立观察，捕捉关键信息　　　　　　　／099
二、改善自己的沟通能力　　　　　　　　　　　　　／102

第七章　如何卓有成效地反馈　　　　　　　　　　／105

要想表达自己的观点，使反馈富有成效，就要有同理心，对他人的立场进行换位思考，要真心地尝试倾听和理解他人之言。做一个积极的倾听者，然后给予对方有质量的反馈。需要在开口前进行思考，遣词造句不光要表达自己的观点，也要从对方的角度考虑问题。

一、为何反馈会困难重重 / 105
    方略1：掌握时机，在必要时给予反馈 / 107
    方略2：诚实直率，吸引对方的注意力 / 109
    方略3：根据对方的反应调整反馈节奏 / 110
    方略4：直接犀利，直击要害 / 112
    方略5：创建友好和谐的反馈氛围 / 113
    方略6：精心思考，提前准备 / 115
    方略7：烦琐详细，注重完美 / 116
    方略8：简洁明确，用事实说话 / 118
二、将反馈技巧发挥到极致 / 119

第八章　如何控制冲动的情绪　/ 123

每次愤怒的感受都是一个早期的警告信息，预示着未来可能发生的关系危机。如果在建立关系的早期我们从没有交流过彼此在未来期望方面存在的差异，那么心中不断积蓄的怒火将不可避免地最终爆发。因此我们应该尽早交流这方面的内容，这样在对方情绪不满的时候，我们就能选择和控制自己的言行举止。

一、如影随形的愤怒触发器 / 123
    方略1：时不我待，快速解决冲突 / 126
    方略2：通过想象美好的事情缓解痛苦 / 134
    方略3：压抑愤怒，积极回应排解不满 / 141
    方略4：通过理性的对话抒发怒气 / 148
    方略5：什么也不说，含蓄轻松地缓解冲突 / 155
    方略6：退避忍让，用真诚和信任化解矛盾 / 163
    方略7：控制情绪，迂回解决冲突 / 169
    方略8：把愤怒藏在心里，逐步释放不满 / 174
二、提升自己的情绪管理能力 / 181

第九章　天赋禀异的领导风格　/ 184

卓越的领导力表现为多种形式，它并不专属于某种类型的人。然而，每种类型的人通过努力，都有可能成为适合自己天性的领导者，都具备成为卓越领导力的优势。

005

一、性格领导力真的很重要　　　　　　　　　/ 184
　　方略1：推动团队迎接挑战，向前发展　　　/ 185
　　方略2：带领团队果断出击，实现目标　　　/ 188
　　方略3：积极评价，鼓励团队成员不断努力　/ 190
　　方略4：求同存异，创建实现目标的环境　　/ 193
　　方略5：创建和谐团队，给予关照支持　　　/ 195
　　方略6：创造稳定的环境，共同解决问题　　/ 198
　　方略7：给团队设定清晰的目标　　　　　　/ 200
　　方略8：创建有效的团队，提供后勤支持　　/ 202
二、改善我们的领导能力　　　　　　　　　　/ 205

包容与改变：整个人，整个生命　　　　　　 / 208

不一样的击鼓手

从本质上来说，我们每个人都是一个不同于其他人的独特个体。我们的思想、感受、渴望、价值观及信仰都各不相同，而我们每个人的言行更是各不相同。人与人之间的差异无处不在，只要我们愿意发掘，就不难发现他们的踪影。然而，个人行为观念上的差异常会引发我们的不同认知。事实上，我们每个人根本就没有理由去改变任何人，因为人与人之间存在差异这一事实也许对我们每个人来说都是有好处的。有时候，我们试图重塑他人的做法可能真的能让他人发生改变，这就是著名的"皮格马利翁效应"。

我们不需要去改变别人，只需要认识自我和他人。如果一个人没有与他的同伴保持步调一致，请不要惊讶与忧虑，那很可能是因为他听到了另一种不同的鼓点声。无论其他人的步伐有多么整齐，也无论路途有多么遥远，就让我们按照自己所听到的音乐节奏前进吧。因为我们每个人都是不一样的击鼓手。

引言
用你自己的声音唱歌

CHAPTER 0

陆家奇是一位精明而成功的职业经理人，36岁，在一家大型IT公司工作，从基层做起，研发、售前、销售都历练过，最后做到集团市场营销中心的总监，负责整个公司市场管理工作。由于工作出色，他最近被管理层任命为主管人力资源的副总裁，全面负责公司人才发展工作。

陆家奇认为自己工作效率高，有活力。除此之外，在工作中，如果同事或供应商有意欺骗自己，他会马上坦率地指出。他非常看重秩序和规则，对工作质量的要求更是到了无以复加的地步。他不喜欢与工作无关的社交活动，对别人的错误，总是不留情面、直言不讳地指出。就这样，他虽然工作出色，职位不断提升，但人际关系却很糟糕，同事和下属总在背后议论他"冷漠、不近人情、太过完美、喜欢吹毛求疵"。

我们不该认为陆家奇不喜欢交际。其实，从内心来讲，他也喜欢参加聚会。不过，如果与会的人同他不对路，或者聚会的方式不合他意，或者与工作联系不是特别紧密，他很快就会厌烦。我们不要感到惊讶，因为这是SJ型人的特点，他们以任务为导向，精确细致，看重细节，善于分析，自控力强，对自己和别人都是高标准、严要求。但是过于完美，对人对事都很挑剔，喜欢独立思考问题。

幸运的是，陆家奇有一位副手，从他开始做部门经理时就一直协助他工作。这位助手总是出面周旋，协调陆家奇与同事的紧张关系，使他能专心而出色地完成任务。

这位助理叫丁丽雅，是个喜欢人际交往的女孩。她为人热情，有参与意识，乐观，善于协调、鼓励和沟通。每天总是面带笑容，散发出积极向上的正能量，公司的同事一见到她，总是情不自禁地与她攀谈。她也利用这些交流有意化解陆家奇与同事的矛盾。员工经常从陆家奇的办公室出来，面带怒气，心想"我再也不与他沟通了"，但是当丁丽雅来到他们面前时，他们的怒气神奇般地消失了。

丁丽雅是一个以人际为导向的NF型人，她弥补了SJ型人性格上的短板。

正是NF型人和SJ型人的通力合作，使整个市场营销中心的员工团结一致，开疆拓土，出色地完成了任务。

管理层将陆家奇和丁丽雅列为公司重点发展对象，在咨询顾问的建议下，采取轮岗的策略，任命陆家奇为首席人才官，目的就是让他管理人才工作，锻炼自己的人际交往能力。而丁丽雅则接替陆家奇担任了市场营销中心的总经理。陆家奇上任的第一件事，就是处理G事业部研发团队的一起人际冲突。

刘伟是这家公司G事业部电信研发部的软件工程师，他坚持认为自己正受到上司周海的利用与欺压。刘伟这样描述他的处境：

作为上司，怎样成功地同我和其他同事作斗争，决定了周海的自尊以及对自己能力的感觉。如果不能表现出自己是一个技术与才智都突出的上级，他就会觉得低人一等并怀疑自己是否还是一个领导者。为了显示作为上级的权威，他一直试图向我展示，如何才能把工作干得更好。例如，他重新编写我写的所有程序。具体地说，挑剔某个程序，然后暗示程序中的错误是由于我能力低下和粗心大意造成的，最后他完全重写了程序，包括程序中他没有批评的部分。所有这些都是他故意抬高自己并羞辱我的表现。每完成一个程序，我总是感到非常焦虑，因为我知道无论如何做，周海都不会满意。

事情还有可能变得更糟，因为周海并不满足自己仅仅是一个技术出色的上级。他想表明任何时候，所有东西都应该掌控在自己手中。为了取悦周海，我们经常顺从他的权势或屈服于他的自尊，结果这常常让他更加为所欲为。他经常让驯服的员工多干活，从不关心我们的生活问题，从不征询我或者同事的意见。如果我们有些创新的念头并提出建议，周海要么不理睬，要么丝毫不听就直接否定我们的意见。他从不告诉我们他的计划，也从不向我们解释他的决定。他只是告诉我们做什么并要求严格遵守。

我们试图向公司反映这个情况，但没有用，因为周海蒙骗了管理层，让他们相信他是一个了不起的管理者。我猜想这是因为我们被压榨产生了较高的生产率的缘故，也可能周海事实上是个趋炎附势的家伙。不管公司做出什么决策，他都与公司保持一致从而取悦他们。

我想让周海的名声扫地。于是我经常给同事做比较，指出周海从自己的想法与计划中得到的好处要比我们多很多。我还鼓励女同事们控告他的骚扰。同时我还发现了积极与消极的抵制他的办法。比如，我开始降低个人的工作效率，仅仅是为了满足把工作做完的需要，我尽量花最长的时间；我还经常休最长的假期；找各种理由晚来一点，早点下班；开会时浏览网页；只要有可能就与周海在技术细节方面公开争论，不管他说的对还是错。这还不够，这仅仅是我与周海斗争的开始。

现在让我们看看实际情况，我们请刘伟的同事描述他们工作的环境。如果刘伟的描述属实，那么其他人也会对周海欺压员工的情况表达出同样的看法。然而，这并不是事实。下面是刘伟同事对周海的描述。

周海有时要求是严格一些，但这多半是因为他的确希望团队能够取得成绩，并被认为是公司中最好的开发团队。总的来说，周海是个好领导。在技术方面，他是一把好手，经验丰富，能力出众，并愿意帮助遇到问题的其他人。周海非常聪明，能够理解团队中多数程序员所特别关注的领域，尽管这并非他的专长。他为大家撑起了一把伞，让团队成员能够集中精力，创造性地工作；同时寻找到自己所需的资源。当被求助时，周海能倾听员工的观点；当员工遭到挫折时能及时给予帮助与安慰，并且确保自己的下属不会因为任务太重或者限期太短而过度劳累。

同事对刘伟的描述更加具有揭示性。他们陈述道：

刘伟是个技术一般的程序员，事实上，他能被公司继续聘用的唯一原因就在于周海重新改写了他那蹩脚的程序。周海信任刘伟，让他编写程序，并试图帮助刘伟提高专业水平，给他参考书，还建议他在本地大学选修课程，包括一门关于《职业沟通与职业发展》的课程。刘伟把自己的程序被重新编写"看作"是周海试图疏远与小看他。在刘伟看来，他自己编写的程序是完美的。他告诉我们周海重新编写了他的程序，还说周海暗中讽刺他接受的教育不多和没有积极性，这些都是典型的攻击，以说明谁是技术能手。根据刘伟的说法，周海对自己的领导技巧有一种自卑感,因而必须牢牢控制自己的下属。刘伟还总是试图向我们解释说"大家与周海的交往都是受到欺压的标志"。我们也向刘伟解释,周海确实是为了帮助我们而不是要我们服从他的意志,但是没有成功。

在我们看来,这好像是刘伟在为了谁是我们这个团队的"头"而处心积虑地与周海进行较量。由于无论如何竞争,刘伟都没能胜过周海而被提升,从团队发展来看,这是公司一个正确的决策。但刘伟看上去想挑起更个人的、更隐蔽的冲突。他不断在背后说周海的坏话,还唆使团队中的女员工控告周海骚扰她们,而这是根本不存在的事情。刘伟的工作做得越来越差,以前他仅仅是不够精确,现在是又慢又不精确。他经常任由一些小的维护性问题升级成大的破坏性问题,最后还是由周海出面来处理这些问题,甚至整个团队都被牵扯进去。

刘伟试图让我们信服他与周海的交战是正当的,在这一点上他没有成功。我们一点也没有看到刘伟认为的欺压与不公平现象。相反,我们越来越认为是刘伟有问题。

刘伟针对周海的攻击性言行让我们和周海都很棘手,我们曾试图向公司反映,希望将刘伟调离部门,但被周海拦阻了。周海仍然在努力挽救刘伟,但是他的耐心却是有限的,因为刘伟的不当行为不仅伤害了周海,还严重影响了整个团队的工作气氛。我们还关心刘伟对我们的反应,因为我们不支持他的行为和他的"合理化",我们害怕刘伟也像伤害周海一样攻击我们,我们已经向公司提出,希望刘伟最好能离开这里。

为什么刘伟和同事对工作环境的表述与分析会有这样巨大的差异呢?原因就在于刘伟的性格特点,因为他是 SP 型人。SP 型人喜欢权利和控制一切,当他们没有得到这些时,就会变得没有耐性、固执、尖刻、专制,喜欢侵犯,最终会演变成攻击,伤害对方,也伤害自己。

而周海是 NT 型人,他们喜欢和谐的工作环境,对人友善,愿意帮助和支持别人,尽量回避冲突。他们有耐心、随和、稳重,富有团队精神,对来自别人的指责总是默默承受,忍气吞声,希望通过时间和真诚逐渐化解冲突。但这在 SP 型人看来是退缩和胆怯。

周海的性格特点使他回避冲突，没有及时处理与刘伟的矛盾，最终这种忍让助长了刘伟的攻击性，不仅给自己和刘伟，也给整个团队造成了压力。

我们从这四个人身上看到了自己的影子，我们所在的公司也是这样冲突不断，由于不同个体没有满足他人的期望；或者说对于特定的情况，个人的回应与他人的期望不同，冲突由此产生。

世界上没有长相和行为一模一样的人，尽管每个人都与众不同，但通过人格评价系统，他们的回应方式却是可预测的。如果一个人的行为倾向与另一个人不同，的确会产生冲突。但这并非意味着：冲突不可避免。而且，组织与人之间本来就有不同的目标，人与人之间也有巨大的差异，很多时候这些差异反而是更紧密合作的基础。还有一条更好的路可走：以积极的态度对待他人，以了解和接纳取代消极与拒绝。这样，我们的职业生活才能更积极、更成功、更有意义。

一、君之如是，何以致之

每个人都同时拥有自我能力和社会能力。自我能力是自我成长的驱动力，它脱胎于自我意识，包含情感意识、正确的自我评价以及自信，进而包含自我约束和自我激励。社会能力即社会认知能力和技巧，是职业提升的驱动力，取决于自身的个体能力。

能够帮助人们发展自我能力和社会能力最精确实用的工具，就是"MBTI人格类型理论"。这也是世界上很多大公司，包括 IBM、HP、微软、索尼、迪士尼、华为、阿里等，选择它作为人才管理工具的原因。同时，它也是很多职业人士进行自我发展和职业提升的工具。甚至在政治管理领域，这一工具也备受青睐，比如，美国中央情报局就用 MBTI 理论来预测外国领导人的行为。当然，要想掌握和应用 MBTI，我们首先要从 8 种独特的人格类型中准确辨别自己究竟属于哪一种。

MBTI 人格类型分为四大类：SP（技艺者），NF（理想者），NT（理性者），SJ（护卫者）。随后，根据 MBTI 的四种主要性格类型，MBTI 被具体划分为 8

种角色模式，这8种模式又包含16种代表模式。通过为个性组合增加具体分类，MBTI可对个性做更具体细致的划分，而且可以提供如下信息：

· 主要内在动力：描述这种模式的基本个性和特点。

· 个人天赋：描述这种模式的个人技能。

· 团队天赋：描述这种模式如何对团队工作带来积极影响。

· 潜在悟性：描述这种模式与生俱来的与众不同的潜能。

· 天生顾虑：描述这种模式的自我保护倾向，一般是个性中的消极因素。

· 失控表现：描述这种模式优势的过度发展带来的危害。

· 压力下的表现：描述这种模式的自我保护倾向，这种保护可能是积极因素，也可能是消极因素。

· 盲点：描述这种模式自身无法认识和察觉的因素，这一项和第6项（失控表现），通常是造成误解和人际纠纷的主要因素。

· 有待改进之处：描述这种模式的主要短板，特指为了减少误解和摩擦，增进个性的平衡发展，需要改进的不足之处。

· 最佳合作者：指与这种模式互补并能带来平衡发展的其他模式。

1. SP型人

具有这种人格类型的人，倾向于克服困难，实现目标，塑造自身环境。同时喜欢取得控制权，注重成效，如表1所示。

表1　SP型人的特点

主导者：具有护卫者（SJ型人）的某些特征
倡导者（ESTP）：具有最纯粹的高度SP型倾向
手艺者（LSTP）：不善言辞，但是最具接受开拓新生事物的能力
温和者：具有理想者（NF型人）的某些特征
表演者（ESFP）：倾向于任务导向，但又具有影响他人接受自己观点的能力
制作者（LSFP）：兼具指导和表达的倾向

2. NF型人

具有这种人格类型的人，注重带动他人与自己合作，以实现目标，塑造自身环境。同时这种个性注重培养人际关系，而不是单纯完成任务，如 2 表所示。

表2　NF型人的特点

劝说者：具有理性者（NT 型人）的某些特征
教育者（ENFJ）：具有最纯粹的高度 NF 型倾向
辅导者（INFJ）：最具理性思维，高度的怀疑精神，善于维护和谐
实干者：具有技艺者（SP 型人）的某些特征
奋斗者（ENFP）：口齿伶俐，兼具部分 SP 型人倾向，善于接近并打动人心
医治者（INFP）：热情似火，爱好创造，洞察敏锐

3. NT 型人

具有这种人格类型的人，注重与他人合作，完成任务，实现目标。同时这种个性喜欢成为团队的一员，而不是单打独斗，他们通常有应付烦琐事务的天赋，如表 3 所示。

表3　NT型人的特点

战略者：具有理想者（NF 型人）的某些特征
指挥者（ENTJ）：具有最纯粹的高度 NT 型倾向，步伐稳健，稳扎稳打
策划者（INTJ）：关注的重心是人际关系
探索者：具有护卫者（SJ 型人）的某些特征
发明者（ENTP）：具有三种层次的标准：稳定、目标和服从
建造者（INTP）：兼有部分目标导向的特点，关注目标的实现

4. SJ 型人

具有这种人格类型的人，追求质量，看重秩序，服从权威，遵守规则。做事讲究有条有理，重视细节。他们喜欢与讲究产品（或服务）质量的团队一起工作，如表 4 所示。

表4　SJ型人的特点

分析者：具有理性者（NT型人）的某些特征
监管者（ESTJ）：具有最纯粹的高度SJ型倾向
检查者（ISTJ）：具有亲和力，更愿意助人为乐
协作者：具有技艺者（SP型人）的某些特征
供给者（ESFJ）：口才好，善于合作
保护者（ISFJ）：客观，对自己的判断直言不讳

每个人都隶属于MBTI中的一种基本型。尽管人们的人格类型终身保持不变，但随着个人的成长和发展，性格可能会变得比较柔和与圆润，也可能变得更加强硬和单一。本书中提供的信息和练习可以帮助读者识别自己的人格类型。在阅读过程中，读者可能会发现其中两种甚至三种都比较符合自己的人格类型，这并不奇怪。因为每个人都对应一种核心的人格类型，而每种人格类型都有与之相关的其他三种人格类型的影子。这些衍生的人格类型增加了MBTI工具的丰富性和准确度，如图1所示。读者在确认了自己所属的基本类型后就能比较轻松地理解这些衍生的人格类型。

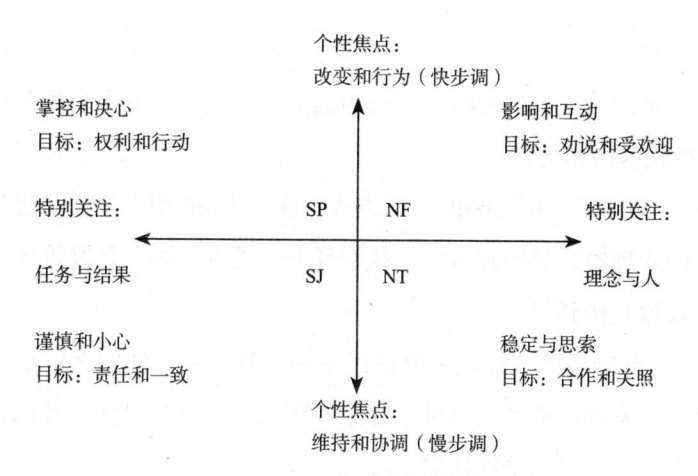

个性焦点：
改变和行为（快步调）

掌控和决心　　　　　　　　　　　　影响和互动
目标：权利和行动　　　　　　　　　目标：劝说和受欢迎

特别关注：　　　SP　　NF　　　特别关注：
任务与结果　　　SJ　　NT　　　理念与人

谨慎和小心　　　　　　　　　　　　稳定与思索
目标：责任和一致　　　　　　　　　目标：合作和关照

个性焦点：
维持和协调（慢步调）

图1　MBTI工具的衍生类型

二、个性不同，天生如此

在各种不同的生活场景中，这四种性格类型会有什么样的回应呢？这点十分重要，因为在相同情况下，不同个性会做出截然不同的反应。认识各种模式的独特回应方式，有助于我们更好地管理自己，理解并宽容他人。

1. 协作方式

在现实生活中，许多任务的成功实现，通常离不开不同性格、不同技能成员的通力合作。虽然永远会有潜在冲突，然而互相理解，所有四种性格类型都能和谐相处，互助互爱。

SP 型人一般喜欢发起行动，并希望充当监管人的角色，他们制订具体目标，决定行动的步调。NF 型人利用自身的交际能力，为任务筹集必需的资金，推动任务的发展。NT 型人总是默默奉献，愿意为任务贡献自己的技能特长。SJ 型人愿意分析，制定各种操作流程和规则制度，提供后勤支持、设计、技术和质量管理方面的帮助，使任务圆满完成。哪一种个性最重要？现在，我们看出，没有所谓最重要的性格类型，对一个成功且运作良好的团队，他们都缺一不可。

2. 领导模式

领导或管理能力关系到影响他人行为的能力，这种影响有多种形式，并与 MBTI 个性模式密切相关。

SP 型领导倾向于采用独断的管理方式。在一个 SP 型人担任高层领导的机构里，组织的管理模式是明确责任、执行任务、处理问题。各级管理人员分工明确，权利设置直接到位。

NF 型领导正好相反，喜欢采取更民主的管理方式。他们提倡自由开放的交流，鼓励员工发挥灵活的主动性。除了提倡民主、划分责任，他们通常喜欢在倾听各方意见后再做出最终决定。

NT 型领导会特别关注工作进展。多数日常工作都分配给他人，因为他们接受别人支持的方式是倾听员工的心声，为每个员工创造完成任务的机会。他们会竭力保持公司内部的和谐安宁，良好运转。

SJ型领导特别强调秩序的重要性，会建立大量烦琐的规章制度并严格执行，以保证组织的正常运转，使任务顺利完成。在遵守制度的范围内，员工可自由决定并承担相应的职责。他们的领导模式不是人文风格，更接近官僚主义。

独断、民主、参与和官僚型的领导风格互不相同，各有千秋，就如同领导本身千差万别、性格与众不同一样。事实上，负责人的领导方式，是根据需要灵活多变、因时制宜，不断调整的领导方式。

不同的管理模式可能产生冲突。当一个SP型领导遇上一个SJ型领导，专断与官僚相遇，不难想象一场冲突随时会爆发。假如风格各异的领导合作共事，一种减少问题、避免冲突和愤怒的方式就是事先明确各自的领导风格，然后划分各自的权责范围，分工要具体细致。

3. 敏于他人的感受

在日常生活和工作中，我们与身边的人相互摩擦，我们能影响他们，他们也能影响我们。临近一天结束，我们可能成为一个装满各种复杂情感的"烦恼的人"。经历特定的事件，他人对我们的回应，可能会帮助我们，也可能伤害我们的感情。每种类型的人处理他人感受的方式各不相同，各有特点。

SP型人会全神贯注于任务和目标，这会让他们显得对别人的感受漠不关心。其实，这种忽视很少是故意的，由于他们全力以赴要实现自己的目标，因而情感表达在他们眼中会成为累赘。SP型人视生活如战场，他们前进中的任何障碍都必须拆毁。不幸的是，伴随这种态度而来的往往是情感上的惨痛伤亡。

NF型人要感性得多，他们期望每个人都快快乐乐，享受生活，他们也努力为生活和工作带来快乐，即使不是每个人都那么领情。如果有人情绪低落，他们会送上鼓励，并且千方百计缓解对方的心情。

NT型人同样对他人的感受十分敏感。他们随和体谅，尽力避免伤害他人的感情，即使那样做意味着自我牺牲。他们回避冲突，避免挑起争端，尽力化解会引起分歧的问题。

在处理情感问题上，NT型人和NF型人如出一辙；而SP型人和SJ型人，虽然各自关注的重点不同，但他们之间仍有很多共同点。因为SJ型人也以任务为导向，所以，他们对人的同情有限。

SJ 型人喜欢用逻辑方式对待感情。他们倾向以非此即彼的黑白观念看待一切，这样情感就会变得一目了然。如果有人感觉不错，他们认为那是认真选择的结果；如果有人感觉糟糕，他们认为那是草率决定的后果。对于伤心的人，SJ 型人经典的安慰语是：下一次更认真努力一点，你就会感觉好受一些。

4. 压力释放

在日常生活和工作中，压力无处不在，难以避免，从四面八方侵袭我们。每种类型的人都以独特的方式处理压力。

SP 型人控制欲强，喜欢掌控环境，因此在他们的个人目标受阻后，紧张和不安就会急剧增加。一般而言，他们会选择体能活动来缓解和释放压力。一旦能量得到了释放，他们就会更好地回应身边的人。不幸的是，SP 型人选择的释放方式，在其他人看来可能更像是人身攻击。结果 SP 型人成了让人敬而远之、难以合作的人物。

在压力之下，NF 型人比平常更加健谈，喋喋不休。他们释放压力的方式让人看起来有些可笑和幼稚。虽然这种回应压力的方式，也许和 SP 型人的方式有些类似，但显得更积极一些。SP 型人的压力释放方式使人感觉受了冒犯；而 NF 型人的压力释放方式又让人感到疲惫不堪，奉陪不起。

NT 型人的压力释放方式与 NF 型人南辕北辙。当压力积蓄到临界点，NT 型人会选择休息一会儿，或者远离造成压力的环境。因为他们喜欢和睦的环境，天性不喜欢冲突，压力会让他们有一种"被压迫和被控制"的感觉。NT 型人宁可回避，也不愿当面对峙。

SJ 型人倾向于抛开压力，这种回应方式，很大程度上是由于他们不喜欢混乱和没有"规矩"的环境。当感受到压力时，他们会选择退缩，独自一人，深思熟虑，制定回应步骤。假如一个 SJ 型人刻意回避我们，有可能是因为我们让他们感到了压力。

5. 重获力量

压力释放不是恢复的终点。每个人都有自己喜欢的"充电"方式，以便恢复活力，再度精力充沛地面对新一天的挑战。未能及时得到恢复，长期超负荷运转，就会导致情绪上的"短路或跳闸"，使生活和工作失去动力，迷失方向。

SP 型人一般需要体能活动，释放积蓄的压力。很多 SP 型人会用对抗性的体育运动释放压力，补充能量，比如篮球、网球和拳击。

NF 型人一般通过寻找机会与人相处得到恢复。毕竟，NF 型人喜欢交流，需要很多人洗耳恭听他们的倾诉。他们乐意随时休息一下，做点有意思的事调节心情。是 NF 型人发明了"只工作不玩耍，聪明人也变傻"的格言。假如他们疲乏无力，只需休息片刻，就能重回战场。人际交往只会让他们"充电"，与人相处，他们才会永远精力充沛，乐此不疲。

NT 型人需要休息，要打破循规蹈矩的生活，丢开所有精神包袱休闲一下，看电视、散步，都能让他们重新焕发活力。

SJ 型人与众不同，需要独处的时间，才能释放情绪上的压力。NT 型人通过休息释放压力，而 SJ 型人会抓住一本好书不放。他们喜欢宁静，悠然独处，恰然自得，就能恢复平和，容光焕发。

不同的恢复方式也会引发冲突，在人际关系中引起问题。比如，一个 SP 型人和 NT 型人成为工作中的搭档，他们处理压力的方式明显不同。如果上级是 NF 型人，下属是 SJ 型人，也会出现同样的问题。这时，双方需要理解和沟通，制定一个可行的策略应付压力，帮助有压力的一方释放不满，减少不必要的争端。彼此理解，允许对方按照自己喜欢的方式释放、恢复和重新获得能量，这样才能消除误解，保持人际关系的历久弥新。

三、自我发展与职业提升

根据 MBTI 各个角色的独特回应方式，我们可以看出，在职业提升与自我发展过程中，向内管理、向外管理成为两种最为重要的影响因素。这两个因素不仅能影响我们职业发展的路径，还可能影响其他人。我们将这两个因素称为"职业影响力"，如图 2 所示。

特质、期望、关系、领导、环境和运气构成了我们的故事，我们可以在每个人"职业影响力"的全景中看到每个组成部分的重要作用。通过 MBTI 人格类型工具，共同的人性和人格发展的共同方式，形成我们"职业提升和自我成长"路径。这种影响力会对我们与他人交往的方式产生影响。同时，它还会鼓励你付出宽恕与同情，不必在意他人那些不好的特质。有时，它又会给你一些危险的预警，这样你就可以采取保护性行为。还有些时候，它会让你敞开心扉，拥抱爱和尊重。但无论何种情况，它都会提升你对工作和人多样性的欣赏。所以，本书最主要的目的是：增加你了解他人和与他人交往的乐趣，不管这个人是你喜欢的还是不喜欢的。

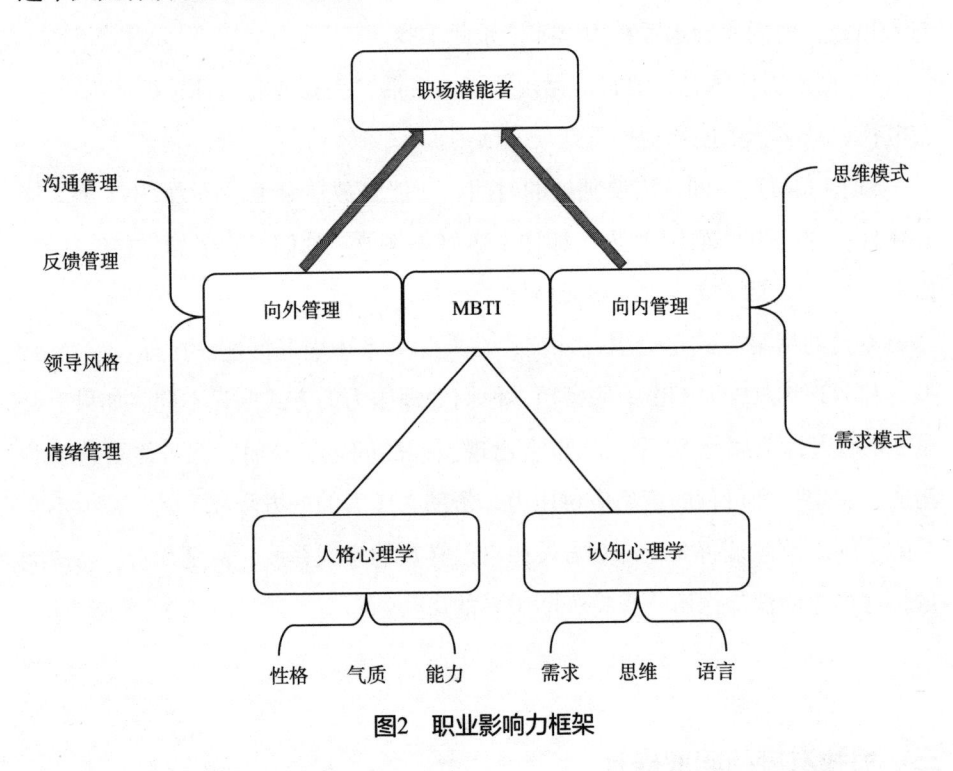

图2 职业影响力框架

第一部分
向内管理

CHAPTER 1

第一章　坚忍不拔的SP型人

　　从本质上来说，我们每个人都是一个不同于其他人的独特个体。我们的思想、感受、渴望、价值观以及信仰都各不相同，而我们每个人的言行更是大相径庭。人与人之间的差异无处不在，只要我们愿意发掘，就不难发现它们的踪影。然而，不幸的是，这些行为和观念上的差异却常常引发我们本能的抵触反应。每当发现他人与自己略有不同时，我们往往会出于某种说不清道不明的原因，武断地为这些差异打上"坏的"或"错误的"烙印，并且将他人怪异的行为举止归咎于他们"脑子有毛病"或"不正常"。事实上，你——我们每个人——根本就没有理由去改变任何人，因为人与人存在差异这一事实也许对我们每个人都有好处。有时候，我们试图重塑他人的做法也许能让他人发生改变，可是这种改变就像"皮格马利翁效应"一样，是恶性的扭曲，而不是良性的转变。

　　我们无须去改变别人，只需认识自我和他人。如果一个人没有与他的同伴保持步调一致，请不要惊讶与忧虑，那很可能是因为他听到了另一种不同的鼓点声。无论其他人的步伐有多么整齐，也无论路途有多么遥远，我们就按照自己所听到的音乐节奏前进吧。因为我们每个人都是不一样的击鼓手。

　　C助理花了数周时间，为公司总裁准备了一个完美而且新颖的项目预案。她耗费了不少心血收集了详尽的数据，认真编排、整理、打印，仔细校对了所有错误后，再重新打印和装订，还充分演练了她的发言。最后，C助理胸有成竹地走进会议室，满怀期待地开始陈述她的方案。

　　她刚说了不到三分钟，总裁就探过身来，一把抓起那份报告飞快地翻到最后一页，不耐烦地说道："请您尽快告诉我们，这个项目的资金从哪里来？"技艺者（高度SP型）的总裁说话直率坦白，令人痛苦地直捣黄龙，一语便切中了要害，将护卫者（高度SJ型）助理的心理防线和自尊心彻底击毁。他对C

助理准备预案的过程和态度视而不见，不听不闻，因为他对 C 助理准备方案的细节根本不感兴趣。结构精致的报告，认真仔细地打印和装帧，费心预备的发言，这些对 SP 型人而言简直是在浪费时间。成本多少？回报多少？收益与产出的比例多少？这才是 SP 型人真正感兴趣和关注的核心问题。

如果运气不佳，一位销售总监被派去指挥一支刚刚组建、缺乏资源、毫无朝气、人数少得可怜的团队，去拓展具有战略意义的市场，这位总监会有什么感觉？如果让这位销售总监带着这支战斗力极差的团队，插入对手的市场领域，去与资源丰富、战斗力超强、经验丰富的对手周旋，这位总监会如何应对？这些状况令大多数人心惊胆战、沮丧痛苦，但对另一些人来说，却能激发斗志、提起兴趣、如鱼得水、游刃有余，并且抱着"有条件也要上，没有条件创造条件也要上"的信心、决心和勇气，面对这些困难，并且能取得成功，实现自我价值。具有这种人格模式的人就是"掌控一切，以行动为导向"的技艺者（SP 型人）。

思维 1：能够务实地面对一切

在社会生活中，所有人都认为自己很务实，就连那些明知自己属于理想者（NF 型）的人都认为自己周旋于众人之间，与他人保持良好的人际关系就是一种务实的表现；至于护卫者（SJ 型），他们把看守传统、内敛小心当成是一件相当实际的工作；理性者（NT 型）认为，保持行动的效果和效率才是最实用的。然而，要做到真正务实，就需要果断地抛开许多无效的社交，将目光从过多的内心反省上移开，甚至需要暂时忘记效果。而能够迅速做到这一切的只有 SP 型人，其他三类人往往都会有所犹豫或不情愿。

SP 型人天生就具有务实的特征，他们很实际，为了得到自己想要的一切，他们可以采取任何方法，无论是蛮横无理的方式，还是借助惯例的力量，即使是徒劳无益的行动，只要有可能实现目标，他们都会尝试。因为他们所关心的问题无非是"这样有什么好处？""你能从中得到什么？""这和我有什么关系？""回报和收益是什么？""为什么要大费周章？"或者一句简单的话"那又怎样？"务实就是具体的实用主义，就是相信当下的力量。与理性者（NT

型）的抽象主义不同，SP型人寻求的是最佳和最适合的效果，只要能解决具体或实际问题，就是好的效果。而稳定者追求的却是最高的效率和效果，反而会使他们犹豫不决，不断地权衡和反复地研究，这样做，不仅束缚了他们行动的信念，还会贻误战机，失去解决问题的最佳时机。

为了达到目的，SP型人可以付出任何所需的努力，尝试一切方法，不计一切代价。稳定者绝不会这样做，因为他们所追求的就是以最小的努力换来最理想的结果，他们总是在选择方法中大伤脑筋，当稳定者决定使用哪种方法时，需要解决的问题和需要达成的目标已经发生了变化，他们又得重新开始寻找方法。稳定者的务实常常停留在思考、规划、计划和期望中，在思想上预演着一个个行动。因此，稳定者往往把获得结果看成一个理论问题，而SP型人却把它看成一个实践问题，"行动、行动再行动；实践、实践再实践"，是SP型人的生活指南。

思维2：总是对未来保持乐观

SP型人都是超级乐观主义者。在他们看来，过去好比流水，理当忘却；而遥远的未来也需假以时日才能到来，所以根本不必浪费时间去规划。至于下一刻，SP型人总是保着乐观的态度：船到桥头自然直，而这恰恰是他们个性中的一个闪光点。SP型人会感觉自己很幸运：下一次掷骰子，下一步的行动，下一枪或下一个计划都受到幸运之神的眷顾。他们从来不会介意最后几次的失败，因为他们认为，即将到来的肯定是好事：要么是短暂的休息，要么是飞来横财，要么是一次美好的邂逅，或者是幸运女神的会心微笑。一旦碰上好运会接连成功，SP型人往往相信，这样的好运必将继续，而他们也会全神贯注，不失时机、最大限度地利用这一好运。

除了乐观态度，SP型人心中还有一个根深蒂固的信念：他们过着一种令人着迷的快乐生活。因为这一想法，也使SP型人成为四种类型人中最容易满足的一类。当然，这样的信念也常常给他们带来不少麻烦。因为SP型人比其他类型的人更容易被意外事件影响，从而陷入低迷和消沉；他们常常因为疏忽而遭遇各种失败、挫折和损失，并因此受到伤害。但是这些消沉和不快是暂时的，很快，他们便会从失败的阴影中走出来，因为对未来充满期待的乐观主义态度，会激发他们积极面对困难和挫折，SP型人常常挂在嘴边的一句话就是"富贵险中求，何必烦恼以前，未来才是一切"。

SP型人就是这样乐观，喜欢将希望寄托在反复无常的命运之神身上，他们就像弹簧，压得越低，反弹得越高。因此，SP型人的生活往往会随着命运之轮的转动，呈现出一幅跌宕起伏、险象环生、惊心动魄的图画。正是这种乐观精神，才使SP型人渡过一个个难关，很快冲出失落和消沉的藩篱，从一个成功走向另一个成功。

思维3：回望过去时抱着玩世不恭的态度

我们都曾遭遇过逆境，也曾在错误的时间出现在错误的地点，做了错误的事情，从而遭受失败和挫折。面对这些消极的结果，每种类型的人都有各自应对、解释和自圆其说的方法。比如，护卫者（SJ型）就会表现得很坚韧，通常来说，谨慎者相信困难，或者每当困难来临时，他们会采取积极态度，认为这是不可避免的，也是命中注定的，没有任何人和事可以阻止它们的出现。有时候，谨慎者甚至会认为这是神的安排，是对自己的惩罚和考验。与谨慎者不同，SP型人会用一种玩世不恭的态度来面对各种灾难和厄运，这意味着他们眼中的生活从来都没有固定的模式。

在SP型人看来，生活就好比在黑暗中一次次的跳跃，或是一场场的赌注，充满了不确定性、偶然性和危险。这正是SP型人对生活的基本态度。当幸运和成功向他们微笑时，他们会得意扬扬，挽起袖子奋起直追；当幸运女神抛弃他们时，他们不会消极泄气，只是无奈地耸耸肩，然后以一种无所谓的态度面对逆境，对自己说"这就是生活""这不过是生活中的一个小插曲而已""这和弹球一样，时高时低"。能够洒脱地说出"生活就是战争"这句话的人，毫无疑问，必然是那些性格坚毅的士兵。这就是SP型人对过去的态度。

即使在思考人类的行为动机时，SP型人仍然表现得玩世不恭。他们从不曾幻想人会变得高贵或圣洁，他们只会说"该是抛弃这样幼稚想法的时候了""无论我们认为自己是多么的善良和高尚，我们毕竟是凡人，总会有缺点，难免会受不良思想的侵染，做一些自私的事情"。当SP型人采取这样的归因模式，用这样一种态度来思考人们的意图时，他们也会以同样的想法衡量他人：

他们自然会对别人送来的礼物表现得吹毛求疵，并在他人试图示好时首先摸清对方的企图。让SP型人最为懊恼的莫过于他们那幼稚的头脑，他们常常轻易地相信他人，像个傻瓜一样落入别人设计的陷阱，其实这只是SP型人的一种错觉，因为他们从来都是陷阱设计者，是猎人，而不是任人宰割的猎物，只有他们遭受失败和挫折时，才会产生这种想法。

不过，与那些真正轻信他人、容易受骗的人相比，由于SP型人抱有这种玩世不恭的处世态度，他们在行动智能上反而占据了很大优势，这也成为他们一个显著的标志，SP型人是制造"心灵鸡汤"的能手，也是影响他人的高手。

思维4：总是从"这里"开始

假如生活是一场比赛，SP型人既不会甘心只站在入口处等待买票入场，也不愿意只坐在看台上当个观众，更不想成为裁判。他们的想法只有一个：参加比赛。他们的位置就在赛场上，只有这样，他们才会觉得自己生活在"当下"，才会感觉自己生活在真实的空间内。对于他们来说，空间和时间是不可分割的，正是因为有了空间和时间的高度吻合，他们才能始终保持自己行动的精确度。SP型人会将全副精力都集中此时此刻所发生的一切上，这恰恰使他们能抓住时机，果断行动，顺利达成目标。其他三种类型的人往往将注意力集中在同时发生的事情上，或是多个时间段上，导致他们精力分散、犹豫不决、效率不高、错失良机。

思维5：一切都从"现在"开始

与其他人相比，SP型人更加重视现在的生活和行为，他们总是对我们说"明天永远不会来"，而昨天则是"流过堤坝的水，一去不复返"。在SP型人眼里，没有比现在更重要的时刻了，所以，最好充分利用它，牢牢地将时光抓在手中，趁热打铁，莫失良机。

其他人也许会为之前的错误而埋怨，或发牢骚，或担心下次的行动会失败，但SP型人却不会，他们会死死盯着眼前的一切，然后抓住时机，果断出击。面对过去和将来，他们似乎有些健忘，也正因为如此，他们才能集中全部精力获取此时此刻的机会，从而使自己成功的概率远远大于失败。

不过，这种执意和钟情于现在的生活方式是需要付出代价的，由于SP型人很少深入地反思或分析自己的错误，所以他们很难从以往的错误中吸取经验教训，最终，他们可能陷入一个恶性循环中，不断地重复以往的错误。不过，每当这时，他们实用主义的智慧通常能够帮助他们化险为夷。凭借这种本能，SP型人会不断重复那些可以将他们引向成功的行为，从这一点来说，他们并非完全不懂吸取经验和教训，至少他们知道如何利用那些积极的经验。

思维6：天生兴奋

SP型人喜欢并且主张时刻保持兴奋的状态，尤其是当事情开始变得枯燥无趣的时候。他们就像孩子一样，看起来总是兴高采烈，而他们这种天生兴奋的心情从来不会随着年龄的增长而消减。他们很享受这种振奋的状态，并且可以长时间地保持在这种状态中。公开表演可以给SP型人带来前所未有的兴奋感，使他们变得更加欢欣雀跃。但是，公开表演并非获取这种兴奋感的唯一方式，那些看似沉闷的行为，操作机器，在互联网上漫游，玩网络游戏，专心致志地绘画或练习击球，同样可以展示SP型人好动的活力，让他们激动不已。

这种天生的兴奋感使SP型人总是能够快速地忘却伤痛和疲倦，全身心地投入到所从事的工作中，如果他们正在进行某项活动，他们会深深地被活动本身所吸引，如同被磁铁吸住一样，陶醉并且兴奋，常常感觉不到任何身体的疼痛或疲惫。

SP型人的确可以全身心投入到令人兴奋的行动中，可他们这样做不是出于奉献，也不是想履行什么承诺，更不是因为热爱，也绝不是为了打发无聊时光。他们的行为不过源于一种情不自禁，面对内心难以抑制的冲动感，一次又一次，他们如同飞蛾扑火般投入那些令他们活力四射的活动中。

SP型人，尤其是那些喜爱交际的SP型人，常常会将自己的这种兴奋和活力感传递给他人，能够感染周围的环境以及身边的每一个人。他们无论走到哪里，总能够一如既往地发光发热，把周围的一切都渲染得五颜六色，从他们身上所散发出来的那种令旁人羡慕甚至妒忌的兴奋感，足以感染周围的一切。面对压抑的世界，SP型人会公然反抗，并鼓励他们的朋友去尝试冒险的滋味："是的，生活就好比一场盛宴，那些可怜的人会被活活饿死，而我们要活下去。"他们的朋友感受到了这个 SP 型人所散发出来的热情，立刻回应道："对，活下去，活下去。"

SP 型人魅力十足，为人直率，风趣而充满活力。他们喜欢和许多朋友待在一起，而他们的朋友不计其数，这些人来自生活的各个层面。被迫的集体生活会令 SP 型人感到厌烦。SP 型人十分迷恋那些性格独特的人和任务，对他们来说，如果多个项目能够同时进行，那最好不过。

不过，兴奋性同样要付出代价，就是 SP 型人做事往往只有三分钟热度，十分容易产生厌烦。对 SP 型人来说，厌烦是让他们感到最为痛苦的经历之一。如果厌烦的状态长时间持续下去，SP 型人就会采取任何可能的措施来终结它，一种方法就是不断变换花样来刺激自己。

SP 型人体现的是兴奋，理想者（NF 型）体现的是热情。热情和兴奋是两种截然不同的态度，热情是由某种内在的东西，一个想法、一个形象、一个目标所引起的情绪；兴奋却是由外界的刺激，一场游戏、一次竞赛、一次挑战或一次机遇所激发的情绪。SP 型人一方面很容易并且经常保持兴奋的状态，另一方面却很慢且很难表现出热情的姿态；影响型的热情是由内而发的，所以很容易也很常见，但是他们却很少也很难因外界的刺激而表现得兴奋异常。

思维 7：信赖冲动

SP 型人是冲动的，他们喜欢冲动的生活方式，在冲动的驱使下率性而为，可以让 SP 型人始终保持旺盛的活力。SP 型人对冲动的信赖是毫无保留的，他们十分享受这种由内而发的激情，喜欢发泄冲动时所带来的那种快感，好比引爆炸药，畅快淋漓。如果失去了冲动，SP 型人甚至会觉得心神不宁。

所有人都曾感受过那种突如其来的冲动，只不过，其他三种类型的人都会竭力抑制内心的冲动，在行动前首先考虑那些更有价值的目标：理想者（NF 型）会用道德、理性者（NT 型）会用理智、护卫者（SJ 型）会用职责来约束自己的冲动。然而这些做法会让 SP 型人感到局促和受限。

对于 SP 型人来说，生活就是感受冲动，而后随着冲动本能地做出反应。既然冲动转瞬即逝，SP 型人就必须生活在"现在"的每时每刻，任何行为都无法保存到明天。对 SP 型人来说，无论即将开始的行动有多么危险，等待都是对他们心灵的扼杀。

SP 型人如此钟情于冲动的生活，他们常常不顾长远目标，认为只为当前的行为而活着的生活才是最激动人心的状态。这并不是说，他们没有目标和牵挂，他们与我们一样，都有目标和牵挂，只不过他们的目标更少、更短暂，他们的牵挂更少、更淡薄。如果牵挂过多，或者束缚了自己，他们可能会变得局促不安，立刻会萌发放弃所有牵挂的想法。

冲动会使 SP 型人轻易切断自己与社会和别人的联系，哪怕他们知道自己的这一做法可能会对身边的人造成伤害。他们可能突然间坚决地放下一段关系，或者说停止一项正在从事的工作，头也不回，毫不犹豫地走开。

SP 型人必须听从冲动的召唤，只要内心的冲动存在，他们就必须继续做下去。一旦冲动消失，SP 型人做事的兴趣也随之烟消云散，只有等到这时，他们才会停下来。在压力之下，SP 型人有时会说："我们不得不以一种特殊的方式来做事，这一切只是因为我们根本无法控制自己。"

不过，有一点我们应当明白：也许在其他人看来，冲动是一种负担，会带来无数的麻烦或灾难，可是，对 SP 型人来说，冲动不仅不是负担，还是一针可以鼓舞人心的兴奋剂，因为他们天生就是冲突的载体，虽然，冲动可以使他们变得坚强有力，也可能突然变得冷酷无情。

思维 8：渴望影响力

在 SP 型人看来，社会影响力至关重要，虽然 SP 型人看起来似乎并不关心和在乎社会，但这并不妨碍他们对影响力的渴望。SP 型人需要强大的影响力为自己打气，与此同时，他们也希望自己能够影响事件的进程。对 SP 型人来说，剥夺他们的影响力，使他们无法在社会事务中发挥作用，这等于抽干了他们赖以生存的氧气。与其他类型的人相比，SP 型人更容易受欲望的支配，渴望自己的行为能够给周围人留下深刻印象，希望自己能够在社会交往中发挥显著作用，让更多人知道自己、了解自己。无论是在艺术界还是商界，在工作中还是在日常生活中，在表演舞台还是政治舞台，SP 型人都极度渴望能够成为焦点和明星。他们希望引人注目，或促使事情的发生，或成为本行业中的佼佼者。SP 型人总是告诫自己"行动吧，让我们做点什么，创造、表演，无论在哪里，都应该占有一席之地。行动起来吧"。

思维 9：追求刺激

SP型人总是把大量的时间花在寻求刺激上，原因很简单，因为SP型人需要刺激。对于推崇感官生活的SP型人来说，刺激越多越好。他们喜欢响亮的音乐，喜欢穿鲜艳的衣服，喜欢品尝口味浓郁的食物和饮料。

SP型人相信变化是生活的调味剂，他们希望生活充满各种新鲜的感觉和经历。在工作中，如果SP型人的工作总是一成不变或缺乏不可预知性，换句话说，就是工作中缺少刺激因素，他们的工作热情就会慢慢减退，直到枯竭。不过，随着各种可能性的增加，或紧急状况次数的增多，SP型人的工作热情会被重新点燃，他们又会兴致勃勃地投入工作中去。事实上，当工作变得乏味或程式化后，SP型人便会在工作中创造让一切变得生动的感觉。这不并是说SP型人一定会拒绝那些应该完成的工作，或是不愿按既定方式去工作，也不是说无法一遍又一遍地重复相同的工作。这一切都取决于他们工作时的感受。不过，只要有能力，他们就会使工作变得生动有趣。

思维 10：珍视大度

SP型人在很多方面都显得孩子气，不过，比较而言，他们在享受通过给予所得到的乐趣时最像个孩子。他们从来都不缺少那种伴随着慷慨大方的快乐感，因为SP型人的给予不仅仅是因为自己拥有某物或创造了某物，而是一种自发的、纯粹是为了感受快乐而进行的给予。在SP型人看来，迫于义务的给予毫无乐趣可言，只有那种源于冲动的给予才能给SP型人带来最大的满足感。

当然，护卫者（SJ型）同样乐于给予，可是他们却不像SP型人那样能够频繁而真切地体会到给予所带来的乐趣，因为谨慎者只会把给予传递给那些应得的人。SP型人却愿意将快乐传递给每个人，无论对方是否应该享受快乐。

思维 11：立志成为某一领域的名家

抱负是一种梦想，而不是野心，它是一个极难企及的目标，一个看似几乎超出了梦想者能力范围的理想，即使是那些已经实现了目标的专家也常常会惊呼："我是怎么做到的！"SP型人对技艺和工具的渴望已经远远超出了人们的想象，于是，出于对技艺的贪恋，他们偷偷立下了自己的抱负"一定要成为某一领域当中的能人巧匠"。随着SP型人技艺程度的不断提升，这一原本秘密的志向也就变得不再那么隐秘了。随便找一个SP型人，也许当时他们还不具备纯熟的技艺和知名度，但假以时日，他们或许已经是某个领域令人敬佩的专家或能手了。

不过，梦想成为名家是一回事，虽然这是成功的关键要素之一，但要真正成为名家却是另一回事。毕竟，真正的名家往往是每个领域的佼佼者，他们能够随时随地演练完美的技艺，这就是"台上一分钟，台下十年功"的道理，因为娴熟的技艺往往需要巨大的付出。但天生的特质决定了只有SP型人才能最终成为某一领域的名家，因为，人各有志，其他类型的人抱负不在于此，成为奇才、圣贤和获得管理地位才是他们所追逐的重点。

思维12：擅长通过谈判解决问题——谈判专家

世上有两种社会角色：一种由我们所处的社会环境中能够发挥的作用决定，另一种是我们自己去争取的角色。在我们处理各项社会事务的过程中，必须承担起一种职责，或者说，扮演一种角色。面对父母，我们是子女；面对一母同胞，我们是兄弟姐妹。同时，我们在婚姻中扮演的是配偶；对孩子要担负起父母的角色；在公司中，我们既是上司，也是下属。生活在社会中，我们不可避免地需要与人进行交流，无论是被动接受，还是主动争取，我们除了扮演好自己的角色外别无选择。

谈判是一种交涉或协商，在谈判过程中，谈判者不仅需要快速化解紧张的气氛，还要能巧妙地解决尴尬的问题。成功的谈判者往往会借助当时的客观条件让自己获得最大的利益，因为对SP型人来说，他们随时都在观察事物的临界变化，还能准确和轻松地把握这些时机，这些天赋将他们塑造成了优秀的谈判专家。这也是为什么在公司里SP型人总是能够成为出色的矛盾解决者，他们化解紧张局势的谈判技能相当出色，无人能及。

第二章　温良泛爱的NF型人

老邓是一家大型银行风控总监兼风控部的总经理,他讲述了自己采用的团队激励策略,可以作为认识 NF 型人的参考。

这个部门有 5 位副总经理,协助老邓努力打造一支同心合意、视每个任务如同最后决战般奋力拼搏的团队。结合本书的概念,老邓管理团队的策略就是发挥不同经理的性格特点,将 SP 型人的控制力与 NF 型人的影响力有效结合。

老邓是一位 SP 型领导者,他领导着一个理性者(NT)员工占多数的部门,老邓的领导风格类似 GE 的杰克·韦尔奇,果断有力、纪律严明、行动迅速、注重实效、专注目标、关注结果。而常务副总老霍是一位 NF 型人,当团队成员意志消沉、士气低落时,老霍的任务就是劝勉安慰,激励员工的斗志。老霍是部门里的乐天派,与每位员工都保持良好的关系。如果老邓对某位员工过于严厉,老霍就会缓和这位员工的压力,为团队成员鼓气加油。作为部门的管理成员,老邓和老霍互补不足、相互配合,成功打造了一支胜不骄、败不馁的优秀团队。

企业中,SP 型人勇往直前、一心一意指挥着团队向前发展,然而这支团队也需要激励者,振奋人心、鼓舞士气。SP 型人决定企业前进的步调,NF 型人却钟情于平衡与交流。具有这种人格模式的人就是"影响他人,擅长交互沟通"的理想者(NF 型人)。

NF 型人天生乐观、热情,他们乐于助人、擅长协调与沟通,善于劝勉灰心丧气的员工重新树立信心。在一个团队中,如果不同性格的人能融洽相处、团结一致,就能带动团队平衡发展,成功实现目标。

思维 1:总是无私地面对一切

每个人都会用自己的方式来对待我们所见到的周围环境。或者说,对于周围发生的一切，每个人都有各自不同的观点，这就是我们常说的视角。性格特征决定了个体的视角。SP 型人选择一切从实际出发，护卫者（SJ 型）则会用尽职尽责的标准来衡量每个人，而在理性者（NT 型）的思维中，实效才是最重要的。当然，他们的视角不同于 NF 型人的利他主义：无私地面对一切。换句话说，无私地为别人奉献会给 NF 型人带来巨大的幸福感，哪怕这样的奉献需要自我牺牲。

NF 型人总能看到人们身上潜在的美德，而他们也非常乐意帮助人们开发并培养这种潜在的美德。对 NF 型人而言，利他主义还会衍生出另一个他们梦寐以求的产物：自我实现。凡事都以他人为先，这是 NF 型人摆脱自私自利思想的最好方法。在 NF 型人看来，自私自利是他们寻求自我实现道路上最大的绊脚石之一。他们相信，只有彻底摆脱自私自利的思想，才能越来越清晰地看清自我，再也不会受到恐惧和欲望的束缚。

思维 2：展望未来时的轻信

轻信是 NF 型人的一大特征，他们常常轻易且毫无保留地相信人、事、物。因为轻信，NF 型人常常显得十分天真，无论走到哪里，无论面对的是谁，他们总能够从事物或人的身上发现善的一面。他们认为，在这个世界上，善是真实存在且永恒的。因此，NF 型人通常很快就会加入追求某一目标的团队，或是奋不顾身地为实现某一任务而努力，尤其是当 NF 型人十分信赖这些运动的领导者时。一旦加入某一团队或信赖某个人，NF 型人就会成为团队中最忠实的一员，还会不断地用自己的热情吸引更多的追随者，为实现这一目标而奋斗。

在一些极端的情况下，NF 型人为了忠于团队，甚至会彻底失去自己原有的视角，全身心地投入工作中去。这种极端的忠诚会成为一种"固执的理念"，NF 型人会坚定不移地倡导和宣传这种理念，并且不会因为任何原因或经历发生改变。

一方面，NF 型人常常怀着满腔热情追求自己的价值观；另一方面，无论是从情感还是从理智的角度来说，NF 型人都显得不够专一，总是在不同理念、信赖的对象以及追求目标之间穿梭、游荡。因此，尽管 NF 型人一生都在矢志不渝地追求真实与价值，但常常浮于表面，对事情的理解往往是一知半解的状态。

思维3：喜欢神秘莫测的过去

当NF型人向生活中的困难表示妥协时，他们常常采用以下两种令人有些不解的谜一样的态度。

有些NF型人认为，意外总是令人迷惑且无法解释，不好的事情发生了，而我们却无法给出任何合理的解释。这类NF型人满足于生活在这种以神秘的因果关系为基础的思维方式中，他们会勇敢接受所有的为什么和原因都不可知的现实，哪怕这样的生活态度会让NF型人显得幼稚，甚至可能让他们一直生活在否定之中，就像鸵鸟那样，一旦遭遇危险便将头埋在沙土中，不理不顾。

另一些NF型人则会将那些不快乐的事件归咎于自己以外的某种力量。用这种方式来缓解压力，排除烦恼，面对困难。

思维4：总是将时间定格在明天

NF型人的时间似乎定格在了明天；相对于现在，他们通常更关注未来的发展。对NF型人来说，现在发生了什么不是很重要。

NF型人认为，生活和工作总是充满了各种潜藏的事物，一直在等待，等待被我们发现和了解。他们常常被这些潜在的事物所吸引，并希望通过探索和了解它们所蕴含的意义，去发现事物真正的本质和价值。

思维5：宽宏大量，信赖包容

NF型人的目光始终聚焦于事物的内涵，很少关注事物的表象。他们关注的是人们能为对方做什么，而不是人们之间究竟存在怎样的隔阂。

L是一家大型制药企业的董事长，一位擅长沟通、具有包容心的NF型人。五年来，L通过各种努力，终于击败了竞争对手，并成功收购了这家制药公司。在公司例会上，很多人提议应该剥离这家制药企业的不良资产，包括大规模的裁员。因为在竞争中，这家制药企业曾经使用了很多违反职业道德的手段：不正当竞争，挖公司的核心员工，制造虚假信息，利用媒体抹黑公司，偷窃公司的核心技术，恶意诽谤公司的核心管理人员。这些行为深深刺痛了公司每位员工,现在正是报复的时机。

L却没有这样做,而是抱着包容万象的态度,否决了裁员的提议,热情地迎接了那些来自被收购公司的员工,并同工同酬,对两家公司的员工一视同仁。

在新集团成立大会上,L发表了一番慷慨激昂的演讲:"我们很清楚,这绝不是一种施舍。理所当然地,我们会为各位提供一个家,一个可以安心工作的场所,而你们可以给公司注入新的血液,带来你们的技术、智慧和努力工作的精神。因为你们的到来,我们的视野变得更加开阔了,我们的公司也会变得更加生机勃勃,对此,我深表感激。……让我们忘记以前的不快,共同努力,一起前进吧!"

毋容置疑,L的演讲会给全体员工,包括那些敌视被收购公司的人带来怎样的触动。不出两年,新集团成为全球制药行业的顶级供应商。这是NF型人包容精神的生动展现。

NF型人注重人的感受与人际关系,他们能无条件地接纳许多不同性情的人。即使他们被人唾弃、被视为无可救药的人,NF型人也能在伤害他们的人身上看见闪光的潜力,不离不弃、一路扶持。当其他人都灰心丧气准备认输时,NF型人仍满怀信心与期盼,充满希望地看待困难。

思维6:热情与愤怒的混合体

NF型人通常都感情丰富,是典型的性情中人,也就是说,一方面,他们很感性,容易动感情;另一方面,他们的情感来得快,去得也快。幸运的是,NF型人大都拥有一种积极的性格,因此他们的情感通常会以一种无比热情的方式表现出来。尤其是在讨论思想或分享自己的知识时,NF型人会显得格外热情洋溢,并且用他们的热情感染周围的每个人。正因为如此,NF型人在团队中通常扮演打气筒和鼓励的角色,不断给团队成员以灵感、信心和鼓舞。

不过,这种精力充沛的表现同样有消极的一面。对于生活和工作,NF型人,无论男女老少,始终无法摆脱一种源自本能的困扰,即生存是一件痛苦与快乐并存的事情。在NF型人看来,成功的另一面是失败,生活和工作中快乐与悲哀总是交替出现，所以 NF 型人的生活总是苦乐参半。

于是，当 NF 型人的理想和期望遭遇挫折，或是他们遭到了不公平的对待时，NF 型人往往会勃然大怒。他们的热情之火会迅速演变成难以遏制的愤怒之火，以熊熊烈焰的方式来表达内心的不满与抗拒。

思维 7：信赖直觉

理性者（NT 型）信赖理性和理智的力量，而 NF 型人则信赖直觉的力量，这种直觉表现在他们的感受或是对人的第一印象。对于自己的价值信念，NF 型人从来不需要借助基本原理的印证，或者说，他们根本就不用理性的力量来思考。对于某些结论，理性者（NT 型）的逻辑论证虽然可以被接受，护卫者（SJ 型）所信赖的权威有时也是可信的，但是，对 NF 型人而言，他们更愿意让直觉为自己指引前进的道路。

当然，并不是说 NF 型人不需要理性，只是对人们凭借有限理性对事物妄加臆断的做法持怀疑态度，从这点来看，NF 型人对一切事物都存在质疑，他们宁可信赖自己的直觉，也不会将自己交给毫无信赖感的理性。

NF 型人之所以会毫无保留地信赖自己的直觉，还有一个重要原因，就是 NF 型人认为只有自己才会如此肯定地认同他人，才能真正做到换位思考。NF 型人可以"感受到他人的切肤之痛"并且愿意"设身处地地为他人着想"，而这一切都意味着 NF 型人会下意识地将人们的意愿和情感纳入自己的心灵，或者说，NF 型人所认为的人们的意愿和情感。

这一同理心或者说感同身受的体验是如此地强烈，连 NF 型人自己都惊讶不已，有些时候，他们甚至会发现，自己正在按照别人的方式说话、谈笑或行动。这种模仿完全是一种不由自主的行为，通常来说，这并非 NF 型人的本意。可是 NF 型人的这种同理心或者说模仿能力，常常让他们感到满足，让 NF 型人觉得自己可以洞察别人的心声，准确地获知人们内心的想法或情感，无论这种洞察正确与否。

对于这种能力，NF 型人应当格外小心，因为他们对别人释放的同理心越多，就越想将自己的观点强加给别人，或者说，迫使人们接受自己认为的理想的生活观点。

思维 8：渴望浪漫

关于 NF 型人，我们需要记住的最重要一点就是：所有 NF 型人都抱有一种不可救药的浪漫情怀。每一种类型的人都怀有一种渴望，有的人甚至希望自己的愿望每天都能得到满足。SP 型人渴望获得社会影响力，护卫者（SJ 型）期待归属感，理性者（NT 型）渴望成功。NF 型人也有自己的渴望，只不过，他们期望获得的是浪漫。对浪漫的渴求，是所有 NF 型人都无法割舍或抛弃的情怀，浪漫对 NF 型人的成长、快乐和工作至关重要。

对 NF 型人来说，浪漫是生命中一种不可或缺的营养物质，如果缺乏浪漫的点缀，NF 型人的人际关系会变得平淡无奇，索然无味，甚至会变得沉闷，毫无生气。

在生活和工作中，实际的现实状况很少能激发 NF 型人的热情，他们关注的是各种意味深长的可能性以及浪漫的想法。如果 NF 型人的生活缺少了浪漫，他们就会努力营造浪漫的氛围，并为他们的人际关系注入完美的感觉，哪怕这种完美的情感之花很快在残酷的实现中凋零，NF 型人也会乐此不疲，敢于付出。NF 型人会频繁地投入这种基于浪漫的付出中，为了心中的浪漫，他们不惜付出大量的精力和情感。可是这一切最终被现实生活和工作中的冲突击碎，伴随着理想的幻灭而宣告结束。对 NF 型人来说，这样的经历无疑是痛苦的，这就是人们常说的现实和理想之间的差距。

沉湎于浪漫关系中的 NF 型人迟早要清醒，在生活和工作中需要面对理想破灭后的现实，而 NF 型人处理这种情况的方式有两种：要么选择继续发展已有理想，要么干脆转向其他新的理想，这些选择会在很大程度上决定 NF 型人的生活经历和工作状态。

思维 9：追求个性

在生活和工作中，NF 型人会投入大量的时间来寻求自己的个性、自我意义和自己的重要性。这并不意味着 NF 型人喜欢以自我为中心，凡事只考虑自己的利益，或者说他们自私自利。NF 型人对别人的关注度丝毫不亚于对自己的关注。不过，不管是对别人还是对自己，NF 型人所关注的只有"自我"，他们眼中看到的、心里想的，统统都是"自我"。

NF型人所关注的"自我"并不等同于其他类型人所认为的那个"自我"。其他类型人的"自我"不过是自己与别人的区别，或者说，不过是代表了自己的个人行为或观点。然而，NF型人认为的"自我"是构成每个人的特殊部分：一种人性的要素，或者说核心本质，它能够萌生出人的本性，是一个完全不同于社会人或组织人的概念。这种"自我"就是NF型人苦苦寻找的"真我"。

NF型人总是兴致勃勃地寻找这种真我，并渴望成为真正的自己，或者说，完成自我实现，使自己的心理、生活和工作趋于统一和平衡。NF型人常常将毕生精力投入自我实现中，不断追求实现自我，不断接近那个他们想成为的人，从而获得真正属于自己的价值定位。

在NF型人眼中，完成自我实现无疑是一生中最重要的事业，而在他们出众的语言天赋的帮助下，NF型人完全可以将这一追求升华为所有人都必须完成的壮举。尽管这种探寻自我并非针对NF型人自己，但其他类型的人想到这一目标，都会感到心烦意乱。在NF型人看来，生活和工作中竟然有那么多人不愿意加入寻找自我实现的队伍中来，这的确是一件令人匪夷所思的事情。

可是，NF型人这种寻找自我的状态却出现了问题，因为从根本上说，寻找自我的探索过程与最终找到自我这一结果本身就是不可调和的矛盾。对NF型人而言，寻找自我是一种追求，一种将实现真我作为终极目标的追求，而这种追求自我的过程会逐渐成为NF型人生活的主宰。因此，NF型人最真实的自我其实就存在于他们追求自我这一过程中，换言之，他们的生活目标就是为生活寻找目标。可是，如果NF型人所追求的目标就是寻找目标的过程，他们应该如何实现这一目标呢？

一旦NF型人想伸手去摘取近在咫尺的自我，真正的自我反而会立刻远离他们。所以，尽管NF型人决心成为真实的自我，但是，他们这一理想却永远无法实现。于是，在NF型人热情洋溢的自我实现过程中，他们往往陷入一种悖论：只有当NF型人身处不断追求自我的过程中时，他们才是真正的自我，一旦他们感觉找到了自我，NF型人会产生一种疑惑，反而觉得自己离真我越来越远，不再是真正的自我。

NF型人应该记住一句话："不要试图去寻找目标，而是要发现目标。追求的东西太多了，最后必然什么也得不到。"因为当 NF 型人在寻找目标中，可能无法接受任何事情，也不允许任何人阻碍他们的寻找，NF 型人一心只想着自己的目标，会忽视其他更有意义的事情。寻找意味着必须找到一个目标，有可能什么也找不到，还会被现实摧残得体无完肤；发现意味着一种过程体验：自由、轻松、愉快、接受一切，拥抱现在的自己。

寻找会掩盖发现的快乐与价值，因为阻碍探索自我的恰恰是 NF 型人自己。有些 NF 型人理解了发现的真谛，找到了真实的自我，意味着他们终于放弃了完善自身的想法，彻底接受了自己，尽管自己并不像理想中那样完美。可是，有些 NF 型人依然执着于探寻自我的追求，并深深地陷入了自我分割和自相矛盾的复杂境地：他们越想找到那个理想化的自我，在探寻过程中所遭受的挫折感就越强。

思维 10：珍视认可

要想进入 NF 型人的内心，我们只需告诉他们："我了解真实的你，那个站在你必须扮演的社会角色和必须佩戴的公共面具背后的你。"也就是说，要想让 NF 型人感觉自己受到了赏识和认可，我们必须与他们坦诚相待，正面相遇，按照 NF 型人的说法，我们需要"符合他们的世界观和价值观"。

NF 型人在生活中常常会产生一种遭人误解的感觉，他们觉得没有人了解自己，他们也常常因为一些迫于社会现实而扮演的各种角色被人误解。相对于其他类型的人，NF 型人的这种感觉最为强烈。所以，NF 型人只有觉得已经被别人了解之后，才会感觉受到了重视，对他们而言，从自己在乎的人们那里获得认可是一件十分重要的事情，每一次的认可都会给 NF 型人带来极大的满足感。

思维 11：渴望成为圣贤

在 NF 型人看来，圣贤显然是最值得敬畏的人。在他们眼里，所谓圣贤就是那些克服了物质和世俗的顾虑，并且渴望获得哲学家式人生观的男人或女人。

NF 型人认为，超越物质世界，能得到获悉事物本质的洞察力；超越感官，能得到感知人们心声的力量；超越自我，才能感受到与世界、与生活、与工作的和谐；超越时间，才能深刻地反思过去，理解现在，规划未来。所有这些都是圣贤所拥有的崇高目标，同时也是 NF 型人推崇和敬重的追求。

思维 12：具有强大的感召力——催化剂式的领导

NF 型人的领导角色不同于其他三类人，因为 NF 型人在团队里发挥的是一种催化剂的作用，他们会运用自己特有的感召力号召团队成员精诚合作，同时帮助团队保持高昂的士气，从而加速、推进工作的进展，或者为工作注入精力和活力。

由于 NF 型人具有亲和力，看重交互式的人际关系，喜欢亲自参与每一段关系，因此，当他们身处领导岗位时，自然会采用一种亲和力十足的工作方式。对 NF 型人而言，他们需要透彻地了解团队中的每一个成员，并通过沟通与员工保持联系。所以，从某种程度上说，NF 型人在工作中常常亲和有余而冷静不足，他们的这种工作方式有时会使事情变得复杂，尤其是作为企业的高级管理人员，需要同时与多人保持联系的时候。在这里，大家只需记住一点，作为领导者，NF 型人与其他类型领导者的不同在于：NF 型人关注的焦点是团队成员的良好感受，而非工作本身。

第三章　深思熟虑的NT型人

小雪，NT型人，是一家IT公司电信业务事业部的总监助理，负责处理部门日常账单、项目核算、记录等工作。她始终如一的忠诚表现，使整个部门毫无后顾之忧，从不担心工作会出错。她的努力奉献，感染了所有员工，每个人都有一种归属感和安全感，特别是在月底结账、核算项目、发工资的时候。

如果NT型人成为领导者，他们这种认真稳健的特点也会表现在领导风格上，NT型领导者不会轻易指派员工担任重要岗位，除非这个员工能在小事上证明自己的忠心，然后才能得到NT型领导者交付的其他任务。

小雪的领导刘总也是一位NT型人，他非常信任小雪，不久他提升小雪担任客户关系部经理，将维护客户的重任交给小雪处理。刘总非常了解小雪，知道把维护客户的工作托付给这名忠心稳健的员工，小雪绝对能按时按质地完成任务。小雪也非常了解刘总，知道这位上司是可以信赖的人。两位NT型人携手，共同打造了一个充满和谐、积极向上的团队。

SP型人是严厉突击者，他们追求控制权，不惜一切代价完成任务。NF型人是引人注目的代言人，是热情、善于沟通和协调的鼓动者。SP型人与NF型人通过各自的方式塑造环境，然而生活和工作中也需要脚踏实地、稳定可靠的人，这就是"稳定随和，善于思辨探索"的理性者（NT型）。

思维1：以注重实效的态度面对一切

不同性格类型的人看待生活和工作的方式自然有所不同。SP型人务实；NF型人恪守利他主义的观点；谨慎者时刻关注他人当前的需要及职责。NT型会从讲求实效的角度来分析和解释身边的一切。一旦我们接纳了NT型人这种实用主义，那就意味着我们需要一边关注"方式与结果之间的关系"，一边要留意达成目标后所得到的"实际价值"。因此，NT型人作为实用主义者，他们不仅要采取高效率的方式来实现自己的目标，还必须在付诸行动前就预计到自己的行为能够产生的实际价值。

因此，NT型人往往采用被称为"最大－最小"法的解决方式，即以最小的努力换取最大的回报。"最小的努力"并不是因为NT型人懒惰，事实上，他们绝不懒惰，而是他们常常会对浪费时间和精力感到烦恼。在NT型人看来，很多人似乎对行动的结果并没有一个十分清晰的认识，所以，他们无法获取最有效的行为方法。在NT型人看来，只要有可能，自己有义务为其他人选择最高效的工具、资源和行为方式；如果手头并没有合适的方法，自己有义务为他人设计和创造出高效的工具和方法。总之，NT型人必须确保既定目标能够以最高的效率得到实现，因为NT型人最关注的莫过于效率问题。

面对习惯、制度和规则，NT型人的态度既不是充满了敬意，也不是没有感情可言。他们会通过一种实用主义的观点来打量它们，把习惯当成是解读历史的工具，用它来避免错误的发生。NT型人时刻牢记"前事不忘后事之师"的格言，同时，他们十分痛恨那些导致同一错误屡次发生的行为。只要这些惯例能避免错误也就够了，绝不会将它们当成自己行动的指南，一旦完成了这一目标，NT型人就会毫不犹豫地抛弃它们，以免它们成为束缚自己思想的"紧箍咒"。

在现实中，NT型人这种对习惯和规则的轻视会遭到抵制和谴责。尤其是NF型人和谨慎者（C型），会对NT型人这种无视惯例的行为给予严厉的谴责，这必然会导致双方的交流出现障碍。

思维2：展望未来时总是多疑

在预见未来时，NT型人对一切都充满了怀疑，他们觉得，所有人的努力，甚至包括自己的奋斗，都躲不开错误的纠结。在NT型人看来，没有任何事情被认为是完全正确的，所有事情都是不确定的，而且很容易受到错误的侵袭：感觉、流程、习惯、规则、产品、方法和结果，以及所有观察和推论。因此，在NT型人眼中，所有的一切都值得怀疑。

既然一切都存在不确定性，最明智的做法就是，在确立目标或付诸行动之前，需要仔细和长时间地观察，不然，很有可能会忽视那些导致秩序或组织出错的结果。

NT型人这种怀疑精神使他们能够深思熟虑，注重长远，具有战略眼光，避免错误的发生或将错误消灭在萌芽状态。但也会成为NT型人性格中的一个短板，他们为了避免错误，会在行动前反复衡量、不断假设，希望能穷尽所有的"可能"，使自己的付出既能做到"成本最小化"，又能达到"产出最大化"。因为在NT型人看来，错误会导致反复，不仅增加了成本，还会影响效率。但是，很多时候，NT型人这种避免错误的希望带来的是拖延、犹豫和迟缓，反而产生低效率的结果，这是NT型人万万没有预料到的事情。

思维3：回望过去时的相对而论

NT型人对待过去的态度有些特别，一方面，他们可能会从实用主义原则出发，采取任何一种方式来为过去发生的事情寻找合理化解释；另一方面，在更多时候，他们通常会从一种相对而论的角度出发，来对待过去发生的一切。在NT型人看来，事件本身并无好坏善恶之分，真正决定事件性质的是我们看待它们的方式。NT型人认为，所有事情都是相对的，一切都取决于参照物。

这种相对而论的处理挫折和问题的方式，使NT型人逐渐形成了一种"以自我为中心"的观念。NT型人认为，其他人，甚至包括那些关心自己的人，根本无法像自己所希望的那样，分享自己的见解和想法，了解自己的思想，更无法切身体会到自己的希望、需要和情感。这种缺失同理心的观点，会使NT型人在生活和工作中蒙上一层主观色彩，只从自己的立场对待一切人，看待一切事，让人们感到NT型人"自私、自恋和自傲"。但是，这并不是NT型人的本意，因为他们天性是善解人意、顺和的，只是他们相对而论的观念影响了自己的判断。

思维4：偏爱条理与安宁

既然NT型人偏爱稳定不变的环境，讲究组织与秩序，因此NT型人最善于处理日常琐事，他们会将一切安排妥当，使工作井然有序。

在 NT 型人的生活和工作中，改变是不受欢迎的。他们安于现状，墨守成规，抵制改变。在工作中，即使是优厚的报酬与待遇，都不能动摇 NT 型人对改变的反感。

小谢是一家大型文化集团的副总裁，他对 NT 型员工这个特点深有体会，因为他领导的一个部门，几乎都被 NT 型员工占领了。他说："假如你强迫 NT 型员工做出改变，他们的工作速度会每况愈下，从沉着缓慢到黏滞爬行，最后彻底停止不动！"谢总尝试在这个部门实施改革，带来新的气象，结果困难重重，吃力不讨好，被 NT 型员工讽刺为"没事找事"，这一切令谢总疲惫不堪，只得停止改变。NT 型员工最终胜利了，整个部门越加稳定了。

改变是对的，但我们需要先理解 NT 型人，不要将这种个性特点视为无能与怯弱，要有策略，讲究方法，有智慧地帮助 NT 型人面对改变。

要 NT 型人做出改变，首先应该知道，他们通常会变得行动迟缓、瞻前顾后，这是 NT 型人对改变的普遍回应。其次，要给予 NT 型人时间，让他们逐渐适应改变，作出积极的回应，而不是激起他们的反感和对抗。最后，允许 NT 型人与其他同样面临改变的人，交流分享。要记住，稳定是 NT 型人最核心的需要。

如果找到行动的捷径，对 NT 型人来说，他们得到了一次自我实现的机会，会受益匪浅，因为承认赞扬 NT 型人的贡献，能使他们欣慰快乐，干劲十足。

思维 5：本性沉着镇静

NT 型人崇尚的是安宁镇静的心境，尤其是在重压之下，当周围的事物都陷入一片混乱时，NT 型人这一特征更为明显。他们会让自己保持冷静的状态，泰然自若地面对一切。即使无法回避这些躁动的心情，NT 型人也会尽可能不让兴奋、热情和忧虑表露出来。

但是 NT 型人这种特征常常被误解，被人们贴上"故作镇静"的标签。事实上，由于 NT 型人不愿将内心的情感或意愿表达出来，他们常常受到别人的批评，被指责为"冷酷无情，目中无人，高傲自大"。然而，这只是表象，并不是说NT型人真的对身边的人或事漠不关心，而是他们将全部精力和思想都投入到了专注的研究和沉思中。这些效率至上的思考者小心翼翼地约束自己的情感，同时控制自己的行为，就是为了不让它们扰乱自己的思考和研究，或影响研究结果。

其实，NT型人并不像他们表面上看起来那么冷漠和自傲，他们的情感和其他人一样炽烈而浓厚，只不过，NT型人制约和控制情感的力度远远大于其他人。

思维6：信赖理智

唯一能让NT型人无条件信赖的事物就是理智。他们完全不信任那些有名无实的权威，在NT型人看来，只有理智才具有一般性和永恒性，也只有理智的法则才是唯一毫无正义的准则。所以，在NT型人眼中，"如果人们愿意一起运用理智来思考"，那么，再复杂、再困难的问题也能顺利地解决。因为，理智的力量可以避免错误，较少成本，提高效率，完成目标。

思维7：渴望成就

NT型人迫切地渴望取得成就。有的人可能会认为，这些看起来冷静、喜欢沉思的人并没有任何强烈的欲望。然而，令人没想到的是，在这看似平静的外表之下，竟然隐藏着一颗热切盼望达成目标的心。一方面，NT型人热衷于获取知识，并且很希望成为一个富有创造性的人；另一方面，他们也会关注自己的目标，为实现目标不懈努力，但NT型人的这种渴望却从未得到充分的满足。

在渴望成就的欲望驱使下，工作成了NT型人唯一的目标。对他们而言，工作是工作，游戏和休闲还是工作。指责NT型人无所事事是对他们最严厉的惩罚。不过，NT型人工作并不是为了追求行动中产生的乐趣，也不是获得安全感，更不是为了寻求帮助他人的乐趣。他们全心全意地工作只有一个目的：实现自己的目标。的确，一旦进入工作状态，NT型人便会不由自主地投入全部精力和时间。不幸的是，每当这个时候，推崇理智的他们却往往"失去理智"，对于别人和自己提出过于苛刻的要求，制定过高的标准，并在工作的压迫下变得焦虑、抑郁和紧张。在这些高标准严要求之下，NT型人频繁地在自己选择的领域取得不俗的成就，这实在不足为奇。

为了实现目标，取得非凡的成就，NT型人必须获取更多的知识和更高超的技巧，他们会一边工作，一边疯狂地学习，用尽一生学习各种技能。

NT型人对成就的渴望如此强烈，使他们常常为无法满足自己设定的标准而倍感失落。总认为自己做的还不够好，经常感觉自己正徘徊在失败的边缘。为此，NT型人会常常心烦意乱，焦虑忧愁。

更糟糕的是，在这种感觉的驱动下，NT型人会不断地提高他们的成就标准，以自己的极限作为衡量成就的标准，这就大大增加了他们获得成就的难度，于是，任何没有达到极致的工作都被他们视为失败。为此，NT型人会不断怀疑自己，同时因为迫在眉睫的失败而惶恐不安。

思维8：追求知识

追求知识是NT型人一生的追求。他们对知识的寻求包含了双重标准：必须知道知识的"掌握方法"和"内涵"。知道内涵就是领会事件发生所必须充分具备的条件；知道掌握方法，就是理解操作能力和技术的局限性，工具的潜在效力和约束性。

面对知识，NT型人从来不会简单地就事论事，当他们问"为什么"时，NT型人真正想问的其实是"怎么回事"或"怎么会这样"。

当然，实用主义原则决定了NT型人追求知识的实效目的，他们对知识的追求是为实现目标服务的。这种"追求实效性知识"的愿望，在NT型人很小的时候就形成了，然而像一颗种子，在他们心底扎根，而无穷无尽的好奇心就是最好的养料，对成就的渴望就是动力。他们在问"为什么"时，想得到的答案却是"怎样做"。

这种对知识的追求常常使NT型人陷入许多复杂的问题中，而且所涉及的领域会越来越宽。随着他们对实现目标的渴望，NT型人获取知识的要求也会越发迫切。

思维 9：珍视敬重

对于 NT 型人，我们既不能期望用慷慨大度打动他们，也无法用感恩来获取他们的欢心，更无法通过认可来取悦他们。因为在 NT 型人看来，唯有当他们的成就得到人们的赞扬和敬慕时，尤其当这种赞扬揭示了他们成就的理性色彩时，NT 型人才会心花怒放。

不过，NT 型人却无法开口向他人索取这种赞美和敬重。这种敬慕之情的表达只能是一种他人的自发行为，有感于 NT 型人的工作而抒发的一种感情。当然，按照 NT 型人的观点，如果他们没有取得自己所认为的成就，别人的赞许会被 NT 型人当成一种"客套"或"恭维"，对他们来说毫无意义。然而，如果 NT 型人认为自己已经取得了不俗的成就，他们对别人的敬重和赞扬会显得无比兴奋和高兴；如果别人没有满足他们的期待，表示敬重，NT 型人会倍感失望和伤心。

由于 NT 型人所取得的成就通常技术含量很高，复杂性和难度也很高，比如设计电脑芯片、规划蓝图等，在绝大多数人眼中只是个十分模糊的概念，所以很难评价或认可创造者的成就。许多取得辉煌成就的 NT 型人常常只能当一名无名英雄，只能从他们的家人、亲近的同事以及自己那里获得尊敬和赞赏。

NT 型人非常重视自身的思辨素质和战略规划能力，他们往往会成为一名技术奇才，尤其是科学天才，作为自己奋斗的目标。只要对 NT 型人的素质和特点稍加分析，我们就会发现他们作为科学家的潜质；只需稍稍了解他们所崇拜的偶像，就会明白奇才代表的含义。

思维 10：擅长思辨和战略规划——预想家式的领导

由于擅长思辨和战略规划，NT 型领导者常常对组织或公司的整体面貌和长远发展有一个预先的认识，或者说，先见之明。NT 型领导者往往高瞻远瞩，考虑周全，绝不会在计划中遗漏任何重要的环节或步骤。NT 型领导者通常能清晰明确地向下属表达自己的预见，并用美好的想象感染团队，使每位成员都满腔热情地投入自己预想的事业中。

第四章 审慎克己的SJ型人

小崔是财务部的总监，SJ型人，管理着一支个性模式不同的团队。小范是SP型人，预算经理，花了好几天时间撰写公司的年度预算报告。在提交集团预算委员会审核的前一天，小范建议预算部一起外出聚餐，放松一下，希望得到小崔的批准。

小崔不理解为何提交报告之前，小范要提议聚餐。对小崔来说，小范应该一心一意对报告进行最后的修订。他的看法与小范的想法南辕北辙。小范觉得要进入最佳状态，就必须放松心情，这样才能精神百倍地迎接挑战。小崔苛求精准，要做到毫厘不差，结果牺牲了与同事加深了解的大好机会。过分追求完美也有消极影响。

助理总监小孙是一个NF型人，她帮助小范化解了潜在的冲突。通过小孙的一番劝说，小崔觉得小范的要求情有可原。小崔凡事强调计划稳当，而小范渴望摆脱一成不变的工作状态。后来，双方相互理解，化解了误会，通过协商找到彼此都满意的办法。

我们已经知道SP型人关注任务，全力以赴追求目标，他们喜欢按照自己的规则行事；NF型人能言善辩，善于鼓励，激发人们的积极性；NT型人则是不动摇的基石，擅长思考，忠于职守，无私奉献。

有时仅仅完成工作是不够的，我们渴望得到优质的结果，保质保量完成任务是通往完美的台阶。幸运的是，有人仍在孜孜不倦地追求完美，这就是"谨慎细致，提供护卫支持"的护卫者（SJ型）。

思维1：尽职尽责地面对一切

SP型人会从务实的角度看待周围的一切，而SJ型人却是怀着尽职尽责的思想面对一切，最能体现这一思想的就是他们的勤奋工作和精打细算。这两种角度有各自的道德依据，并没有孰好孰坏之分。对SP型人而言，与其做一件事不能快速获得回报，还不如不做；可是在SJ型人看来，如果工作需要，那就必须完成。他们觉得勤奋工作和积累财富是每个人与生俱来的义务，只有如此，我们才能丰衣足食，家庭才能蒸蒸日上，公司才能日益兴隆。

SJ型人这种尽职尽责的观点早在幼年时就已经初见端倪。他们会毫无怨言地接受家庭或学校分派的任务，并制订详细的计划，按时按质地完成。随着他们逐渐长大，SJ型人也越来越重视勤奋工作和精打细算。即使在退休以后，SJ型人仍然会一如既往地勤奋工作，同时精打细算地生活。

SP型人认为财富生不带来死不带去，一定要在当下享受财富带来的喜悦。可是SJ型人却不认同，他们随时随地都十分节俭，在"节俭+工作"的观念指引下，SJ型人永远不会退休，这一观念将陪伴他们一生。

思维2：展望未来时的悲观

由于SJ型人将大部分精力都用于约束他人的行为，以及维持快速发展和变化的现状，所以他们逐渐养成了"做好最坏打算的习惯"。的确，哪怕是匆匆一瞥，人们也能察觉出SJ型人那悲观忧郁的思想，而他们这种消极思想恰恰与SP型人"船到桥头自然直"的乐观态度形成了鲜明的对比。在SJ型人眼中，做好准备比什么都重要，因为只有这样才能随时应对可能发生的不利情况。但我们不能得出结论：SJ型人杞人忧天，危言耸听。相反，SJ型人这种未雨绸缪的做法其实是一种现实的反映。

虽然SJ型人并不会欣然承认自己的悲观思想，可是只要稍有压力，他们便会坦然认可这一切。当然，从个人角度出发，SJ型人也愿意像SP型人那样，表现得乐观一些，然而他们却很难摆脱与生俱来的忧虑感。SJ型人常常会为各种可能出现的危险或意外而忧心忡忡，事实上，这样的事情经常发生。SJ型人的这种悲观思想很好地诠释了"墨菲法则"：任何可能出错的事情最终难免会出错。

思维3：回望过去时的坚忍克己

展望未来时的未雨绸缪与回望过去时的坚忍克己自然不可同日而语。尽管

SJ 型人总是对未来忧心忡忡，可那毕竟只是担忧，不是期望。如果担忧变成了现实，他们又会如何解释那些错误、失败、损失和挫折呢？

当面对困境时，SJ 型人既不会像 SP 型人那样抱怨坏运气，也不会像 NT 型人那样责怪自己。相反，信奉坚忍克己的 SJ 型人认为：生活和工作中的痛苦和磨难是不可避免的，应该勇敢、耐心地承受属于自己的苦难。这种观念使 SJ 型人具有一种高度忍耐的精神；当然，也会使他们安于现状，浑浑噩噩，得过且过，拒绝改变。

思维 4：总是将目光的焦点落在昨天

SJ 型人这种对过去的态度还会衍生出一种观点：SJ 型人目光的焦点总是落在昨天，对昨天有一种难以忘却的情怀。作为传统、规则和秩序的守护者，SJ 型人这种定格昨天的态度，恰恰是为了保持传统、习惯和规则的延续性。这意味着，SJ 型人通常不会像乐观的 SP 型人那样只关注现在；也不会像热情的 NF 型人一样，眼中只有明天；更不会像崇尚思考的 NT 型人那样，将目光聚焦于抽象的永恒。

对 SJ 型人而言，他们的全部思想都集中在昨天，微笑着凝视那些逝去的美好时光："那时，我们为了生计而忙碌；那时，我们会用真材实料来生产货真价实的产品；那时，公司秩序井然，人人都遵守规则。而现在，一切都变了，人们变得懒惰；不再像当初那样细致和认真；公司混乱不堪，人人都违反规则。"在 SJ 型人看来，这一切都是不遵守传统、规则和习惯造成的恶果。那些新生的、突发奇想式的创新不仅是对久经考验的传统的公然冒犯，而且只会把一切搞糟。

也许正是出于这种对过去的崇敬之情，SJ 型人才会比其他人更钟情于习惯，忠实于日常生活和工作中的惯例。按部就班，一板一眼，细致认真是他们为人处世的原则。SJ 型人常说："老方法就是最好的方法。"这种对过去的情怀，使 SJ 型人成为维持习惯、规则的守护者；但也会变成旧秩序的卫道士，阻挠改变，压制创新，使周围的一切变得死气沉沉，毫无活力。"让守旧的人接受新鲜事物会困难重重"，这句话是对 SJ 型人最好的诠释。

思维 5：压力之下表现严厉

SJ 型人不会单独一人追求质量与秩序，相反，他们不仅严格要求自己，对他人同样吹毛求疵，尤其是在压力下。假使我们对他们作出承诺，SJ 型人就会期待我们信守约定，贯彻到底；如果情况有变化，就要准备好洗耳恭听 SJ 型人的"谆谆教诲"。但物极必反，有时过度追求完美只会产生消极作用。

小艾是一家房地产集团人力资源部的员工关系经理，SJ 型人。最近公司的一个商业地产开发计划被竞争对手获悉，造成了公司的损失。经过调查是商业规划部的一名员工不经意将计划透露给了朋友，而这位朋友与竞争对手有着商业上的来往。公司决定处理这名员工：扣发工资和奖金，降级处理。如果员工不服公司的决定，公司将采取法律措施予以解决。这个任务自然落在了小艾身上。

小艾对这名员工不遵守规则的行为十分痛恨，决定严格执行公司的决议，代表公司完美地处理这件事。这名员工对公司的决定无条件地接受，并表示了深深的歉意。公司看到这名员工真诚的悔改，收回了对他的处罚决定。但小艾却对公司的做法感到愤愤不平。

公司的宽大和人性管理的方式没有让小艾感到喜悦，他怒火中烧，满腹牢骚。他对公司这种没有原则的改变感到不满，恼怒公司没有执行预先制订的计划。虽然小艾的行为看起来有些荒唐可笑，但这真实地反映了完成预订计划，在 SJ 型人的心中占有至高无上的地位。

纵然计划变动带来了积极结果，使四万名员工感受到了公司以人为本的管理精神，但这对小艾来说无关紧要。SJ 型人关注的是规则和秩序，是对计划完美的执行，至于计划带来何种结果，与他们无关。

如果 SJ 型人在压力下产生了负面情绪，我们要做到：耐心地对待他们，不要指责他们的无知与固执，允许他们表达感受，让 SJ 型人感到大发牢骚而不必担心受到惩罚。在 SJ 型人充分表达了不满，释放了压力后，我们再回答他们的问题，巧妙地引导 SJ 型人从另一个角度认识问题，纠正他们消极的思维方式。

要记住，SJ型人非常敏感，很容易产生压力感，指责、嘲笑和批评只会加重他们的压力，使SJ型人变得吹毛求疵、严厉苛刻，随时准备还击，或者采取逃避、退缩来缓解压力。无论哪一种方式，都不利于SJ型人的成长，还会影响他们的职业发展。

思维6：本性多虑

绝大多数时间里，SJ型人通常都显得有些多虑。他们关心自己的工作、家庭，甚至是邻居。他们常常为了自己的职责、工作、健康以及财务状况而焦虑，经常会为穿戴和守时问题忧心忡忡。无论是惊天动地的大事，还是鸡毛蒜皮的日常小事，都是SJ型人关心的问题。当然，每个人都有自己关心的事情，只不过，其他人关心的范围不会像SJ型人这样广阔，程度也远远低于他们。用"忧国忧民"来形容SJ型人，再合适不过。

这种对任何事都殚精竭虑的心态使SJ型人很容易受到消极情绪的影响。他们十分关心社会的发展走向，只不过，很多时候，SJ型人的关心似乎显得有些杞人忧天，尤其是在面对他们爱戴和珍视的人。在许多SJ型人眼中，社会似乎从未停止衰落的脚步，传统、秩序、规则早已不像过去那样单纯而质朴，人们似乎也不像从前那样对它们充满敬意。"这个世界究竟要走向何处？公司到底如何经营才能蒸蒸日上？"这些都是SJ型人常常思考的问题，即使是最快乐的SJ型人，只要一想到这些问题，也会不由自主地蹙起眉头，开始为身边的一切感到焦虑不安。

这并不是说SJ型人总是愁眉不展，不知快乐为何物。实际上，SJ型人通常都具备很强的幽默感，因此他们身边总是不乏朋友相伴，他们往往过着一种充实而惬意的生活。只不过，即使一件小事，SJ型人也总是发现一些令人担忧的问题，他们开始思考"这件事有问题呀！应该仔细想一想，第一个问题是……"

思维7：信赖权威

SJ型人信赖权威，因为权威象征着秩序、规则和制度。SJ型人认为，人与人之间就应该有上级和下级之分；人们在社会、社区、学校、公司和家庭中的一举一动，都应该受权威的管理和监督。尤其是在教育和医疗领域，SJ型人对权威人士的信赖简直到了痴迷的程度，"毋庸置疑，医生最清楚一切"。此外，SJ型人还会对政治人物、名人、商界的成功人士、企业中掌握权力的领导，表现出一种绝对服从的信任感。他们似乎对任何形式的权力都充满无与伦比的信赖和忠诚。

许多SJ型人都相信，一种更加崇高的权威一直在监督我们的言行举止，规范我们的日常行为，保护我们赖以生存的环境。SJ型人信奉一句话"对那些无视秩序和权力规则的人，永远也不要露出善意的微笑，因为制定这一永恒规则的正是我们信赖的权威"。

SJ型人对权威的绝对信任早在幼年就已经显现出来。在幼儿园的一个班级里，我们会看到这样的情境：有近一半的孩子会认真聆听老师的教诲，严格遵照老师的要求做他们"应该做"的事情，这无疑是SJ型人；剩下一半的孩子，大多数是SP型人，会无视老师的存在，嬉戏打闹，快乐无忧地玩耍；少数的NF型人和NT型人，他们的自我意识似乎更加强烈。往往会沉浸在自己的思考中，通常不会受周围混乱情况的影响。这些性格特点会在今后的工作中展现出来。

思维8：渴望归属感

也许是为了在某种程度上满足自己寻找安全感的需要，SJ型人除了对自己工作组织的关注外，往往倾向加入一些社会和公共团体。对SJ型人而言，维持自己在这些社团中的成员身份具有十分重要的意义。SJ型人对归属感的渴望几乎到了无以复加的地步，他们甚至需要每天都确认自己是一名声誉良好的团队成员。因此，与其他人相比，SJ型人更加热衷在自己的生活范围内创建和扶植各种各样的组织：志愿者服务团体，家长教师协会，社会服务小组，市政团体或政治组织，以及职业联合会。对SJ型人而言，这些五花八门的成员身份不仅能让他们"感受到自己作为一名杰出公民的重要性和忠诚"，还能帮助他们在行业和公司里赢得广泛的尊重。

思维 9：追求安全感

SP 型人是"感觉寻求型"性格的人，NF 型人是"身份寻求型"性格的人，NT 型是"知识寻求型"性格的人，而 SJ 型人却对上面三种追求不感兴趣。与感觉、身份以及知识相比，SJ 型人所追求的目标更为紧迫。毕竟，他们比其他类型的人更了解生活中存在的危险，SJ 型人就是那个时刻保持警惕，预防更坏的情况发生、随时保护我们安全的人。

SJ 型人比其他人更清楚："我们其实生活在一个危机四伏的环境中，那些潜在的危险随时有可能给我们当头一击。我们的财物可能会丢失或被盗；我们的健康可能会每况愈下；我们工作的企业随时可能倒闭，或者我们随时可能被公司辞退；我们与他人的关系随时可能破裂。这个世界有可能在不知不觉中变得越来越糟糕。"正因有这些不安的想法，SJ 型人才会如此信赖权威、制度和秩序。制度是存在于这个世界中的安全堡垒，秩序是保护这个堡垒的护城河，而权威就是守护这个堡垒的将军。至于 SJ 型人自己，就是服从将军的士兵。因此，SJ 型人往往毫不犹豫地将自己的一切投入到建立和维护这个堡垒的工作中，时刻保持警惕，提防生活的不安全因素，寻找防御的办法，保护自己，也保护他人，力争获得永久的安全。

因此，SJ 型人是"安全寻求型"性格的人。在这样一个充满危险和动荡不安的社会里，能够拥有一群如此关注安全的守护者，的确是一件令人感到高兴的事情。"行事稳健，胜过事后遗憾"，这是 SJ 型人的座右铭。

思维 10：珍视感恩

与其他类型的人相比，SJ 型人更加珍视他人对自己的付出表现出感激之情。如果他人把 SJ 型人的服务认为是理所当然的事情，毫无感恩之心，通常会让 SJ 型人感到尴尬和沮丧，甚至心烦意乱。只不过，SJ 型人从来不会向他人说起自己的这一烦恼。

事实上，再没有比 SJ 型人更值得我们感激的人了，他们总是无私且尽心尽力地支持着身边的每一个人，每一件事，从未有过丝毫的懈怠。然而，在所有人中，SJ 型人也是最不善于要求他人表达感谢的人。这大概是因为他们是所有人中最早转换自身职能角色的人：从接受照顾的孩子到提供保护的父母。在 SJ 型人看来，父母的职责远比"父母"这一带有感激意味的称谓本身更加重要。

SJ 型人对个人职责的关注很自然会衍生出这样一种结果：他们帮助别人，经常做一些费力不讨好的工作。这些工作在他人眼中既琐碎，又显得无关紧要，比如，打扫卫生，清洗衣物，做记录以及那些与后勤需要相关的常规性且繁重的同时也十分关键的工作。这些工作的本质决定了它们常常被人们忽视，而最后的结果是，完成这些工作的 SJ 型人并不会得到他人的感谢。只有当这些工作没有完成时，人们才会注意到他们的存在。

最终，SJ 型人可能会愤愤不平地抗议：长期以来，他们一直在辛勤地工作，而他们的付出却从未引起任何人的注意。SJ 型人会通过各种方式向人们传递信号"毕竟是我完成了工作，而我唯一想得到的就是你们的感谢"。这样的抗议的确很有必要，因为那些接受帮助的人，往往会忘记感谢帮助过他们的 SJ 型人。

思维 11：立志成为维护秩序的管理者

许多 SJ 型人的最高理想就是成为一家机构的杰出领导者：管理大小事务，指挥操纵，大权在握，维护规则，管理和约束不遵守传统的人。总而言之，成为一名"维护秩序的管理者"，强烈地吸引着 SJ 型人那颗渴望正当行使权力的心。

SJ 型人信赖权威，因为权威可以利用手中的权力维护传统。因此，成为权威，就能守护传统。这样来看，SJ 型人渴望成为领导，动机依然是基于对传统、规则和制度的维护。因为执掌整个机构的运作，这对 SJ 型人来说，无疑是最具权威性的管理者。他们可以调动一切资源，用传统和制度来守护"安全堡垒"，保护自己，也护卫他人。

思维 12：善于建立细致的规则——安定剂式的领导

在 SJ 型人看来，细致周全的管理部署是施展领导才能的首要前提：应该做什么，怎么做，以及派谁去做。这意味着，每家机构或每个项目都需要一些规章、标准的操作流程以及具体的计划，使员工能够清楚地知道自己的职责。每当需要时，员工都愿意并且能够随时随地投入到工作中。如果没有，SJ型领导者必定会依据机构的传统和规则，建立一套细致的实施细则，并让每个人都铭记于心，从而确保那些特立独行、我行我素和无视规则的下属也会服从他们的领导。

也许，某些个人主义者通过独特的操作方式可以取得更好的效果，即便如此，SJ型领导者也一样可以找到理由，对他们这种突发奇想式的创新提出质疑。在他们看来，这种创新与遵守传统相比，具有偶然性和不确信性，是危险的举动。可能会损害和干扰正常工作程序的连续性，扰乱其他人的工作情绪，甚至埋下危机的种子。制定规则和章程是为了所有人的利益，因此，每个人都必须遵守，否则混乱而令人不满的局面就会随之出现。在SJ型领导者看来，领导者无法通过标准化的操作使企业保持稳定，那么，等待他们的可能是一个事倍功半的结果。因此，SJ型领导者的全部精力都聚焦在了"提供支持，安定秩序"方面，使他们成为名副其实的"支援型领导者"。

第五章　请理解我们

假如你我的渴望有所不同，请不要对我说你的渴望微不足道。

假如你我之间的信仰有别，请不要将试图纠正我信仰的想法付诸实践。

假如在同样的情境下，我的情绪远不如你那样紧张，或是紧张程度大大超过了你，请不要试图影响或改变我的感受。

假如我的行为不符合你所设计的行为方式，请不要对我横加干涉；假如我果真遵循了你的行为方式，你也无须兴高采烈，对我大加赞赏；一切皆应听之任之，顺其自然。

我并不要求你能理解我，至少，在现在这一刻，我并没有这样的打算。事实上，现在的你也许正琢磨着如何才能将我变成你的"复制品"，只有当你心甘情愿地放弃这一想法时，我才会提出这一要求，或者说，你才有可能会理解我。

假如你愿意大度地包容我的渴望或信仰，或是宽容地接纳我情绪、需要或行为，那么，你便为自己的人生开辟了一种新的可能。也许，有一天，你会觉得我的这些思维及行为方式似乎并不像你当初认为的那样；或者，最终，你会觉得它们看似并没有任何不妥。请你记住，要理解我，首先需要包容我。

所谓包容，并不是简单地认同我的思想、行为和渴望，而是彻底地、心甘情愿地接纳它们。从此以后，你不再因为我那看似任性的言行而变得暴躁不堪或感到失望透顶。也许，有一天，你尝试着理解我的同时，你会发现自己竟然开始珍视彼此之间那些不同之处，你甚至会小心翼翼地呵护这些宝贵的"差异"。回想当初，你曾经想尽一切办法，一心只想改变我，让这些"差异"从世界消失。

"我"可以是你的配偶、父母或孩子，也可以是你的朋友或同事。不过，无论我与你是何种关系，我都清楚地知道：我和你是两名完全不同的击鼓手，而为了让我们之间的击鼓旋律保持和谐，我们只能努力地去包容和认真地去倾听对方的击鼓节奏。

一、SP型人需要迎接挑战

接受现实，追求极富挑战的目标和任务，是 SP 型人行动的动力。绝大多数 SP 型人，特别是手艺者（LSTP 型人），非常害怕自己的影响力不够，无法实现愿望。这种恐惧心理往往与害怕个人目标受到阻拦、行动受到阻挠有关。如果环境阻挠他们实现目标，他们可能会作出负面和消极的反应。

SP 型人总是一心一意追求自己的目标，在他们眼中，人不过是实现目标的时段和工具，而不是有血有肉的生命。在 SP 型人的思维模式里，为了打击反对者，可以不择手段；为了实现目标，可以不惜代价。

SP 型人喜欢掌控，不喜欢被拘束。因为需要控制权，SP 型人特别钟情于能带来非同寻常机遇的权力与地位。追求新奇是他们的动力，做别人没有做过的事，去众人没有去过的地方，这类事会让 SP 型人激动不已、信心十足。他们会尽全力挣脱一切束缚，实现目标。同时，也能有系统有条理地工作，并确保自己掌握最高的控制权。这些有时会让 SP 型人失去控制，走向偏执和极端。

为了提高我们的认知力，将心比心，更好地去理解、接受 SP 型人，使他们得到更好的职业发展，就必须明白 SP 型人的需要模式。记住，SP 型人总是期望能拥有掌控权，自由发挥，少受约束，他们喜欢随机应变，迎接挑战。所以，与 SP 型人交谈要言简意赅，迅速点明要点。

1. 与 SP 型人共处的要点

（1）如何回应 SP 型人

· 要坚定有力，直截了当。

· 关注目标与行动。

· 有时需要通过机智对峙，唤起 SP 型人的注意。

（2）如何与 SP 型人交往

· 简明扼要，直切要害。

· 有的放矢，首先向 SP 型人解释"如何实现目标"。

· 留给 SP 型人时间，让他们仔细考虑你的建议。

（3）如何支援 SP 型人
- 要向 SP 型人复述行动计划，强调目标、任务和结果。
- 向 SP 型人交代问题要言简意赅。
- 要信任 SP 型人，充分授权，放手让他们去做。

2. 解释现实：追求极富挑战的目标，是 SP 型人的动力

SP 型人喜欢迎接挑战性的目标，这是他们行动的动力。如果环境阻挠他们实现目标，他们可能会作出负面的反应。绝大多数 SP 型人，特别是手艺者（LSTP 型人）模式的人，害怕自己的影响力不够，未如己愿。这种恐惧心理往往与个人目标受到阻拦、行动遭到阻挠有关。因此，SP 型人会一心一意追求自己的目标，在他们眼中，人不过是实现目标的手段，而不是有血有肉的生命。在他们的思维模式里，为了消灭阻碍自己的绊脚石，可以不择手段；为了实现目标，也可以不惜一切代价。

3. 喜欢掌控，不喜欢受约束

因为需要控制权，SP 型人，特别是手艺者（LSTP 型人）模式的人，特别钟情于能带来非同寻常机遇的权力与地位。追求新奇是他们的动力，做他人所未做过的事，去别人未能去过的地方，这类事情让他们一见倾心。他们会倾力挣脱一切束缚，实现目标。当然，SP 型人也能有系统、有条理地工作，前提是自己所掌控控制权不会失去。如果 SP 型人一旦失去控制权，就会走向偏执与极端，变得极富攻击性。这时，我们应该尽快采取行动，为他们创造一个合宜的环境，使 SP 型人平息愤怒，发生转变。

4. 有时需要通过对峙唤起 SP 型人的注意

SP 型人关心行动与决策胜过关注人际关系。他们惯于以自我为中心，这种个性使 SP 型人常常失去控制，变得冷漠和专制。为了帮助 SP 型人克服这种缺陷，最适宜的策略是开门见山、直切要害。有时，还可以采取冷淡和疏远的方法来回应和帮助 SP 型人，这种冷淡是一种积极的"爱的对峙"，因为爱的对峙能激发 SP 型人悔改，使他们的人生因转变而闪光。

一旦进入与 SP 型人的对峙中，务必就事论事，焦点集中在他们的行动带给我们的影响，不要变成对他们的人身攻击，这点至关重要。人身攻击只会伤害 SP 型人的自尊，招致他们更为猛烈的反抗，而不是带来建设性的成果。

5. 简明扼要，直切要害

SP 型人期望能直言相告，迅速进入主题。如果我们不了解这个特性，在与 SP 型人的交流中"欲言又止，东拉西扯，含蓄委婉，旁敲侧击"，他们一定会变得非常恼怒。因为 SP 型人关注目标，没有耐心谈论与主题或工作无关的内容。知道了这些，我们就会理解 SP 型人常常挂在嘴边的话："请讲得明白一些，我的时间很有限。"记住，他们不是在抱怨我们，而是对我们讲话的方式和谈话的内容感到困惑，难以容忍。

6. 留给他们时间，冷静考虑你的建议

当我们向 SP 型人提出相反的意见，千万不要指望他们能迅速接受，这样会使他感觉被操纵和控制，反而会引起他们的警觉和敌视。但是，留给他们思考的时间也不能太长，因为 SP 型人通常忙忙碌碌，时间一长，他们会遗忘我们的建议，甚至会让 SP 型人感觉被轻视和愚弄。我们可以这样措辞："我的建议请你抽时间考虑一下，3 天后我再找你沟通。"在这段时间里，他们的思想是清晰的，能冷静地反思、分析方方面面的可能。SP 型人也认为"只要留给我们自我分析和反思的时间，能使效果非同一般"。

7. 充当信使，与 SP 型人积极沟通

信使方式的益处是相互的。首先，它综合了自负的 SP 型人与对抗者之间的抵制，避免了更多冲突。其次，信使（或沟通者）能重申对抗者的目标和任务的理性原则。信使通常处在更有利于交流的位置，能在 SP 型人与对抗者之间传递积极信息，既不伤 SP 型人的面子与自尊，又能如实传达对抗者的意愿。

8. 预备好见证 SP 型人的迅速转变

SP 型人有时会迅速发生 180 度的大转变，变化之快，会让人惊讶。SP 型人会对新目标充满期待，正因为具备了快速转变的能力，SP 型人一般倾向于以更大的热忱开始新运动，并胜过以前。有时，这种转变过于快速，会让人难以置信，我们会怀疑 SP 型人的转变是否出自真心。很多人还需要花时间来适应 SP 型人的变化。这时，我们要积极赞扬和肯定 SP 型人的这种突变，接纳并适应他们，帮助 SP 型人提升自我，克服短板。当然，在 SP 型人风风火火冲入新战斗之前，最好先聆听一下他人的建议和忠告，这将使他们受益匪浅。

9. 认识他们的最大短板

骄傲，可能是 SP 型人成熟路上的最大障碍。他们会面临一场场战斗和一个个挫折，但总能化险为夷，有机会转败为胜，将软弱变为刚强。假如 SP 型人在制订行动计划后，能迅速思考一下，放下高傲的姿态，听取别人的意见，将是可贵的进步。学会忍耐和克制，尊重和信任别人，是他们走向成熟的标志。

对于 SP 型人来说还有一件难事，就是作为团队的一员顺服他人的权威。假如 SP 型人具备了真正顺服的心，他们将为团队的成功做出不可磨灭的贡献。比如在篮球场上，倘若 SP 型球星愿意为了团队目标而通力合作，就会带领整支球队走向辉煌。SP 型人要牢记一点，"我们顺服的不是一个人，是顺服了整个团队的需要"，这样，他们就能放下那颗高傲的心，与团队共进退。

最后，让我们总结一下，在面临压力时，SP 型人最需要我们做些什么？

"请坦白告诉我，你期望我为你做什么？不要拐弯抹角，也不要风花雪月。"

"在指望我采取行动前，请留给我详细思考的时间和机会。"

"在我深思熟虑之前，请别打扰我。一旦我准备好交谈，我会让你知道的。"

"如果需要纠正，请先给我肯定，再来批评指点……但请不要让这种批评变成人身攻击。"

"我们渴望一个其乐融融、洋溢着激情和活力的环境，而不是整天把时间花在讨论细枝末节、过度的形式上面。"

"并非一成不变……有时，我们也需要促膝长谈；有时，我们只想出去参加体能活动。"

"请先听我陈述，然后发问。如果我的嗓门过大，你可以当头棒喝。有时，我们需要这样。"

"我常常都有点蛮横无理，而且嗓门粗大。我是无心快语，刀子嘴豆腐心，如果得罪了你，请别太在意我的话。"

我们必须理解他们，明白 SP 型人是任务导向型，他们不像 NF 型人属于人际导向型。SP型人尽心尽力追求自己的目标，控制欲强烈。在与他们交往时，关注这些方面，就能赢得SP型人的积极回应，取得良好效果。对峙，往往是唤起他们注意的好方法，但如果期望他们为此感谢你，未免太过天真。不过，也许你能看见令人惊喜的转变。

二、NF型人需要积极的社交环境

不同模式的需要导致沟通失误，是人际关系中最常发生的情况。我们往往将自己的需要模式强加于人，希望别人的回应符合我们的期望。倘若期望没有实现，我们会步步紧逼，结果只会更加令人失望：摩擦不断增加，冲突逐渐升级，关系日趋紧张。

首先，NF型人是群居动物，他们需要积极的社交环境，对同伴的感受和认可特别敏感，总是努力维持和谐的人际关系。被人拒绝和忽视的恐惧，是NF型人生命中一股真实又无形的力量。期望NF型人完全不受群体压力的影响是不现实的。为了正确应付这个问题，NF型人需要我们的帮助，而不是批评和指责。如果群体压力不能影响NF型人作出决定，他们就进入了真正的成熟阶段。

为了提高我们的认知力，能将心比心更好地去理解、接纳和扶持NF型人，我们必须明白他们的需要如何影响行为。从总体上说，在开发、鼓励、和谐的环境中，NF型人最能发挥潜力；消极、强迫、混乱的环境，会令他们心生反感。要记住，NF型人通常需要：公众接纳、自由表达、无拘无束、不拘小节，不受条条框框的桎梏以及拥有社交活动的机遇。

1. 与NF型人共处的要点

（1）如何回应NF型人

· 要友善积极。

· 允许交流与对话。

· 给予NF型人乐趣十足的活动时间。

（2）如何与NF型人交往

· 语气友好。

- 允许 NF 型人有时间表达自我感受。
- 你的建议能促成 NF 型人形成行动计划。

（3）如何支援 NF 型人

- 积极鼓励，激发 NF 型人执行任务的决心。
- 与 NF 型人一起制订行动计划。
- 对 NF 型人要给予肯定、赞许和认可。

2. 渴望成为团队领袖及自我表达的需要

NF 型人喜欢扮演领袖角色，而且喜好表达自我需要。在团队讨论中，他们总是争先恐后发言，第一个作出回应。这时，我们要在第一时间表扬他们，承认 NF 型人作为团队领袖所做出的贡献。对 NF 型人来说，能得到如此的承认和赞扬，让他们欢欣鼓舞、情绪高涨。

3. 认识自己铤而走险的倾向

NF 型人除了需要表达，获得影响力，还有一种倾向：他们与生俱来就喜欢铤而走险。有时，他们会因此越轨，做出让人瞠目结舌的事情。一种越轨行为，就是在没有得到邀请或同意的情况下，自作多情，妄自发表不合时宜的见解。当 NF 型人的这一举动受到众人的指责时，他们会不知所措，感觉瞬间从世界的巅峰跌入了万丈深渊。这时 NF 型人要扪心自问："原来自己的观点与众人的观点，会有极大的出入。"明白了这点，NF 型人要学会先倾听，然后发表自己的看法。

4. 高度信任他人和自己

NF 型人，特别是奋斗者（ENFP）模式的人，擅长影响带动他人，因而他们能接纳别人真实的一面，对自己和他人充满了信心。NF 型人能创造出活泼乐观的氛围，为团队带来不菲的成绩，特别是在商场和企业管理中，NF 型人更是游刃有余。

因为 NF 型人偏好积极向上的氛围，他们常常以乐观的心态回应消极事件。虽然这是一个优点，但过于自信、不自量力、过度信任，就会招致亏损。NF 型人可能会口若悬河、夸夸其谈，却大多是纸上谈兵、没有行动。这时，NF 型人应该扪心自问："我真的能履行承诺吗？我有这个能力吗？对方值得信任吗？我是否应该闭嘴了？"

5. 履行承诺有难处

NF 型人受到压力，会倾向于自我保护，如果强逼他们，NF 型人不仅无法履行承诺，还会将自己的责任推卸得一干二净。当我们怀疑某个 NF 型人不能履行承诺时，应该试着以友好坦率的态度与 NF 型人商议，不要生气，不要指责、挖苦和嘲弄，不要动辄发难，要尽力帮助 NF 型人修正计划，制定符合实际的解决方案。

6. 提供友好积极的环境

NF 型人天生风趣，不拘小节，喜欢沟通与探讨，在友善的氛围里，他们能做出最好的回应。NF 型人往往风风火火就要行动，没有耐心等待。因此要与 NF 型人交流，首先就要为他们创造一个趣味横生、友善真诚、温馨舒适的环境，这样，才能激发 NF 型人的活力，轻松而稳健地面对一切。

7. 允许表达感受

NF 型人需要有机会表达自己的观念与感受。这会使他们感觉受重视，有话语权，有表达自己观点的渠道。我们在为 NF 型人营造一个积极的环境后，下一步就是给予他们充分表达自我感受的机会。与 NF 型人谈话，要注意循循善诱、因势利导。给他们一点时间，NF 型人就能彻底领悟。还有一点，对 NF 型人所说的每一句话，不要太较真。

8. 给予积极的肯定

积极的肯定，能激励 NF 型人将决心化为行动，从而带来真正的成功。肯定可以通过称呼、赞扬、同事前的感谢等多种形式表达出来。短短的一句肯定，对 NF 型人来说却蕴含了无尽的暗示与力量，满足了他们需要得到认可的渴望。给予 NF 型人应得的赞誉与肯定，将使我们拥有与他们更默契和成功的合作。

9. 对峙只在必要时

一般来说，在对峙状态中，NF 型人不会作出积极的回应。对峙只会让他们意志消沉，破罐子破摔。然而，有时采取对峙却是必要的，能唤起 NF 型人的注意。这是由于 NF 型人往往大大咧咧、不拘小节、我行我素、三心二意，而必要的对峙能迅速唤醒他们，使 NF 型人严肃、认真和谨慎地对待一切。

假如对峙是为了让 NF 型人关注未来的行动，而不是过去的错误，会带来更积极、更有效的成果。倘若你要求 NF 型人解释过去的错误，他们巧舌如簧，能拿出一大堆理由为自己辩护。因此为了良好的结果，要给予NF型人改正错误的机会和时间，激励他们悔过自新、勇于进取，在今后做出更好的表现。当NF型人真正认识到自己的错误后，他们会义无反顾、积极改正，然后采取行动，锐意进取。

最后，让我们总结一下，NF型人希望我们能洞察他们的什么需要，希望我们为他们创造一个怎样的环境。

"在我们失败时，请接纳我们，给我们温暖的鼓励，使我们能继续走下去。"

"你们可以对我们坦诚相待，但我们必须首选得到你们的接纳。"

"我们知道自己需要条理和计划，但我们也渴望知道，我们能为你做什么，好使你们开心快乐。"

"倾听我们，用心感触我们，照亮我们的情感，帮助我们反思。"

"友善温馨的环境，使我们能最好地发挥；我们渴望自己的努力能得到感激。"

"如果我们犯了错，请把我们拉到一边纠正，请不要当着众人的面责备我们。"

"我们需要肯定，使我们能确信自己做对了。有时不需要语言，只要一个微笑、一次眨眼、一个拥抱就够了，我更喜欢拥抱。"

"让我们一起欢笑吧。让我们一起放飞梦想，无须顾忌批评与责难。"

"请给我们机会表达自己的心声。"

"我们热爱与他人沟通交流，激励他们。"

"需要读懂我们的心意，我们的心，一半是希望与人相处，共度好时光；另一半则是喜欢一个人独处，静思默想。"

"如果我们正面临人际问题，请听我们诉说，但不要因此对我们妄下结论。"

"听我们诉说，但在我们准备好以前，不要试图解决我们的问题。"

"有时我们需要独处，请不要认为这表示我们拒绝了你们。"

"要乐意与我们一同欢笑，陪我们一起落泪。"

NF型人从内心呐喊，期望其他人能倾听他们的心声，理解他们面临的压力；然而，他们并不真正在意问题是否得到解决。聪明人知道先聆听NF型人的倾诉，然后等待回应，看他们是否真正希望听见客观意见。当NF型人面对压力，要避免对峙和责问时，不要强求答案，除非我们正在做关于创造性借口的调查报告，或者正在为某部幽默剧撰写剧本。

三、稳定的环境对NT型人很重要

为了更好地回应、鼓励和帮助NT型人，必须理解他们的需要。NT型人需要温馨的环境，而非充满敌意的气氛，肯定与鼓励能让他们作出最好的回应。要记住，NT型人需要的是：稳定，维持现状，有安全感的环境，充足的时间，肯定与感激，交代事情要明确，固定不变的生活和工作作息。

1. 与NT型人共处的要点

（1）如何回应NT型人

· 不要威胁，要有耐心。

· 留出适应改变、作出调整的时间。

· 要顾及他们的家庭。

（2）如何与NT型人交往

· 交代任务时，要和颜悦色。

· 给予充分切实的接纳与肯定。

· 给他们留出考察和深思的时间。

（3）如何支援NT型人

· 复述命令。

· 扶持与帮助NT型人落到实处。

· 要耐心，直到他们愿意主动。

2. 维持现状，除非迫不得已

大多数NT型人偏爱熟悉的环境，他们满怀爱心，常常舍己从人，他们容易妥协，特别是涉及家庭利益时，会牺牲自己的利益，满足家庭的需要。

NT型人安分守己，纵使环境不容乐观，他们也能泰然安处。他们的逻辑是尽管目前的环境很不利，但仍然可以理解与适应。对未知的恐惧，使他们深感不安，NT型人宁可随遇而安，也会尽量避免新的冒险，拒绝改变是他们的克服不安的常用手段。

3. 给NT型人留出适应改变的时间

以信心与积极的态度应付改变，可能是NT型人面临的最大障碍。假如改变无可避免，NT型人需要一定的时间适应改变，审时度势，计划缜密。在改变最困难的时期，要给NT型人留出改变的时间，要帮助NT型人，耐心地等待他们慢慢成长，让他们渐进式地适应改变的需要，而不是要求他们突飞猛进、顷刻转变。在改变的初期或困难阶段，进步总是异常缓慢和艰难，然而随着时间的推移和改变的顺利进行，NT型人会更加独立、积极地回应改变。

4. 为家庭安全而战

安居乐业，拥有稳定又安全的家庭，是NT型人最大的渴望。只要涉及家庭，NT型人不希望任何人或任何事，破坏家庭的安定美满，他们决不希望"家庭方舟"受到任何动摇。"让我们安安逸逸住在平静的井底吧，请勿打扰，谢谢。"这是NT型人的宣言。"家庭方舟"也不允许使用任何喧哗的马达，这太快太危险了，绝不符合NT型人的口味。安逸舒适、风平浪静的家庭港湾，是NT型人最美的梦想。假如我们能理解并尊重他们这个内心需求，我们与NT型人的关系就能得到真正的成长。

家庭安全对NT型人至关重要，但对不和与冲突的恐惧却根深蒂固，影响更深。绝大多数NT型人对冲突都有一种特殊情结，冲突能引起他们内心最深的不安，触及最核心的情感区域，因此，他们会不惜一切代价避免冲突，尤其是家庭冲突。

物极必反，如果我们过度依赖家庭，优点就会变成弱点。如果NT型人能勇敢离开安乐窝，那么他们的生活就会丰富多彩。NT型人要想更加成功，就必须果敢地放弃安于现状的内心需要，与家庭环境适度分离。NT型人应该记住："只有自己更加成功，才能保证家庭的稳定与和谐。"

5. 珍惜 NT 型人的忠心和善良

NT 型人是忠心的朋友，时光流逝、斗转星移，然而他们的忠贞和坚持却不会改变。这是他们最大的优点。在公司出现困难时，当其他人都选择离开时，只有 NT 型人会始终如一，与公司共进退。

NT 型人乐于助人，总是舍己为人，细心照顾朋友、家人和同事的需要。他们信守承诺，言出必行。假如他们答应了什么事，我们大可放心，他们决不会食言。我们一定要珍惜 NT 型人这种品质，及时给予肯定、鼓励和赞扬。

6. 需要肯定

NT 型人偏爱和谐美满的环境，经历情感上的对峙，会使他们心神不宁。在紧张不安的时候，如果我们对 NT 型人给予积极的肯定，就能带给他们莫大的安慰。将心比心，体恤他们的感受，足以慰藉他们的心。在危急时刻，朋友和同事的支持让大多数人心怀感谢，而 NT 型人更是知恩图报。

7. 寻找密友

NT 型人不仅知恩图报，他们还渴望友情。即使只是泛泛之交，NT 型人也会将我们当作潜在的朋友看待。SP 型人可能会忽视我们的存在，直到我们的能力引起了他们的重视；而 NT 型人则是根据"友情潜力"来评估我们。

要与 NT 型人成为密友和融洽的合作伙伴很容易。一旦我们与 NT 型人建立了友谊，他们的忠诚与支持将会伴随一生。NT 型人会默默地支持和关注我们，为我们提供亲密、合宜、友善的环境，对我们的需求会作出忠心耿耿的回应。

8. 善良友好，依赖他人

NT 型人往往优柔寡断，行事欠果断，消极地依赖他人采取行动。当一名推销员敲门时，最好不要期望 NT 型人去应付。因为他们乐于助人，太好说话，极难开口说"不"。"什么？"NT 型人会对精明的推销员说："你母亲生病了？你付不起学费？你必须在周六之前卖出 1000 件商品？这太困难。"如果让 NT 型人管理家庭财务，我们会惊奇地发现，一般都有满满一壁橱的杂物。

9. 缺乏信心

最后，我们需要认识 NT 型人的地方：自信不足。他们很难真正认识自己的力量，以及自己能取得的成就。这一点对 SP 型人来说，几乎不成问题；但对 NT 型人来说，却是一个棘手的问题。一旦他们拥有信心，就能成为卓越的领导。

以下是 NT 型人的心声，倾听他们的需要，能让我们知道如何更好地回应他们。

"在我们作出决定前，请给我们时间充分考虑；当我们作出决定后，请给予肯定与支持。"

"如果你们想纠正我们，请永远不要采用对峙的手段，我们不能接受这种方式。我们喜欢更平和的方式，我们需要朋友，而不是敌人。"

"给我们时间和空间，使我们能享受和平与安宁。我们需要时间考虑和消化问题。"

"我们需要肯定与接纳，假如我们犯了错误，请平和地为我指出。给我们时间仔细思索如何纠正自己的缺点。"

"给我们充足的时间，列出你们的期望，然后放手让我们去完成。请真正关心我们的感受和观点。对我们来说，完美并不是最重要的因素，请务必接纳这点。"

"与我们并肩携手向前，请理解并支持我们，但不要一手包揽，想替我们解决问题。当压力特别大时，请给我们'停机'的时间，好让我们能稍稍逃离一会儿，喘口气。"

"来自你们的一声鼓励和肯定，足以胜过千言万语。"

"在特定的场合，我们常常感到困惑，不知道自己的感受到底是什么，所以请耐心对待我们，引导我们敞开心扉。"

"发挥你们的幽默感，让我们笑一笑，轻松一下。然后再开口提出棘手的问题。请肯定我的工作和努力，无论是口头的还是非口头的，得到你们的肯定，足以使我们心满意足。"

"让我们通过思考解决问题。有时，我们会词不达意。在我们试图解释自己的计划时，对我们要有耐心。"

"我们知道自己有时很鲁莽，特别是在受到压力时。请发挥你们的幽默感，让我们一笑了之；请别在这时攻击我们。如果你们不幸这么做了，我们的回报通常会让你们后悔听到。"

"在压力下，我们会变得非常莽撞。请给我们时间和机会，梳理心中的乱麻，然后我们可以促膝长谈。"

"请给我们思考的时间，虽然在你们看起来，也许我们显得无所事事。我们需要摆脱压力与干扰，好好反思，重新获得力量。"

"我们不善于表达情感。请允许我能略显笨拙地表达想法，而不要分析、论断这些想法。"

面对压力，每种个性模式的人都有独特的自我保护方式，在人际交往中，我们的回应必须符合应有的方式。然后，我们可以根据不同人的需要，为受到困扰的他们创造适宜的环境，使他们能得到最好的成长机会。在NT型人的面前，给予他们肯定与支持，充足的参考信息、足够的考虑时间，这些都是帮助NT型人经受压力得到成长的关键因素。

四、安全感是SJ型人一生的追求

为了更好地回应、理解并扶持SJ型人，使他们得到更好的职业发展，就需要理解他们的独特需要。SJ型人在井然有序、责任明确的环境下，能作出最好的回应。在敌对和不断变化的环境中，他们会变得格外谨慎，瞻前顾后，忧思多虑。要记住，SJ型人的需要是：进展适度的改变、安全感、井然的秩序、铁一样的规则，还有反复思量和核实的时间、工作得到肯定、可靠稳定的环境，当然对权威的信赖同样重要。

粗略一看，SJ型人所需要的激励环境与NT型人的需求非常类似。两者都安于现状，排斥改变，渴望安全感和稳定性，获得集体的认同。不过SJ型人是任务导向型，而NT型人却是人际导向型。NT型人是群居动物，喜欢集体合作；而SJ型人更喜欢离群索居，单打独斗。这种本质上的不同，会使两者的需求存在巨大差异。

让我们先来看一个案例。

公司总裁站在员工面前兴奋地宣布:"我们的办公室将要搬到市中心了!"

"太好了!"一位 NF 型员工喊道,"到处是餐馆,可有地方转悠了!"

"棒极了!"另一位 SP 型员工欢呼道,"这样离客户很近,不出四个月就能实现全年计划了!"

"我保留意见。"NT 型员工淡淡地说道,"不过如果大家都乐意的话……"

最后冒出一个冷冷的声音,"我们如何把所有的设备搬到市中心而不停止生产呢?我们在市中心的办公面积有多少平方米?房租有什么不同?能确保我们按时发货吗?这次搬迁对公司的产品质量有什么影响?"SJ 型员工眉头紧锁,忧心忡忡地问道。

纵使面对压力和阻碍,SJ 型人通常会顺服掌权者。正如前面所说,他们的质疑能使计划作出有益的改进。如何把所有设备搬到市中心而不停止生产,不影响产品质量?这个问题,足以敲响警钟。

尽管提问能部分打消 SJ 型人的顾虑,但在完全接受改变前,他们仍会有很长时间对改变抱有戒心。另外,SJ 型人会不断测验新的程序,直到确认改变有益无害。一旦确认了改变的正确性,SJ 型人就会忠心耿耿地按规定执行下去。

如果 SJ 型人放心地接受了改变,让他们获得足够的信息十分关键。因为 SJ 型人天生忧虑,一件小事或一句话就能影响他们"支持改变"的信心。这时,我们要及时和反复向他们解释,打消他们的疑虑,使 SJ 型人坚定信心,迎接改变。

1. 与 SJ 型人共处的要点

(1)如何回应 SJ 型人

·交代问题要具体明确。

·要以宽容忍耐的态度回应 SJ 型人。

·允许 SJ 型人自由发问。

(2)如何与 SJ 型人交往

·回答问题要有耐心,态度要坚决。

·提供的信息要准确可靠,要不断地给予 SJ 型人肯定。

- 给 SJ 型人留出分析的时间。

（3）如何支援 SJ 型人

- 给 SJ 型人提供实现目标的具体步骤和方案。
- 给 SJ 型人提供肯定与支持。
- 允许 SJ 型人向第三方验证信息的可靠性。

2. 喜欢推理

SJ 型人喜欢操练推理能力。从事智力活动，能带给他们无穷的乐趣，丝毫不亚于赢得桂冠给运动员带来的喜悦与兴奋。对 SJ 型人来说，思想胜于情感，观察、思考和分析具有毋庸置疑的重要性，独立沉思是他们的人生乐事。

倘若有人津津有味地阅读产品说明书，这个人一定是 SJ 型人。SP 型人想摸索出每个零件应该安装的位置，而说明书却原封未动地留在原地。NF 型人对说明书毫无兴趣，他们不想浪费宝贵的时间，认为还是自行安装为好。SJ 型人会拿起说明书从头到尾仔细研读一遍，认真统计所有部件，然后一丝不苟按照说明书埋头苦干起来。说明书象征了秩序、规则和行动流程，只有严格遵守，才能保证高质量。

3. 精细入微

阅读并遵照说明书的行动，存在于 SJ 型人生活和工作的方方面面。在组装产品前，他们必定要仔细阅读。以此类推，其他事情上，尤其在工作中，他们都要预先知道具体细节，这样才安全又可靠。

如果我们遇到了 SJ 型人的上级或同事，一定要为他们解释任务的各项细节问题：要表明他们的身份，指出这项任务的目的，为他们描述具体的计划，让他们清楚自己要担任的角色，可能遇到的问题等。然后耐心回答 SJ 型人一堆具体而详细的问题，比如"谁？""干什么？""为什么？""出了这个问题如何解决"等。SJ 型人认为对任务了解得越细致，做起事来才会有的放矢，不出差错。

4. 宽容忍耐

即使向 SJ 型人解释得再详细，他们也不会立刻接受任务。在同意参与一个任务前，SJ 型人会步步为营，前思后虑，三思而后行。

SJ 型人对失败的往事记忆："想当年自己血气方刚，想凭一己之力使公司蒸蒸日上，获得领导的青睐，结果反而惹祸上身，自食苦果。"

在 SJ 型人看来，再细致的计划都包含着变动，这永远是个棘手的问题，他们的反应是"我是什么人？有什么能力去完成这项任务？如果出了差错怎么办？计划包含了很多未知的因素，如果实际状况发生变化怎么办？我不适合担当这项任务"。这些反应包围着他们，使 SJ 型人小心翼翼，畏首畏尾。

如果遇到这种情况，我们要采取宽容和忍耐的态度对待 SJ 型人。耐心地给他们做解释；回答他们的问题，哪怕这些问题在我们看来显得可笑和庸人自扰；然后给予肯定，鼓励他们，打消他们的种种疑虑。要记住，一旦 SJ 型人打消了顾虑，接受了任务，他们就会全力以赴，按时按质地完成。

5. 支持与肯定

让我们再回顾上文案例中，公司决定将办公地点搬迁到市中心。在众多员工中，SJ 型人对待变动的反应就是一大推宝贵的问题："我们能得到必要的资源吗？""产品质量会受影响吗？""停工时间有多长？"

SJ 型人需要支持与肯定，因为"支持和提供后勤保障"是他们的天性，他们知道支持的重要性。肯定一切将平安无事；支持、扶持他们的工作，承认他们的地位与作用，SJ 型人会感激不尽，一丝不苟地完成任务。没有适当的支持与肯定，SJ 型人会信心不足，举棋不定，焦虑灰心。

6. 耐心回答，态度坚决

SJ 型人的谨小慎微，令 SP 型人和 NF 型人头痛不已。他们都是外向型性格，一个是行动导向，一个是人际导向。无须太多分析就能采取新的行动；他们也期望别人配合行动，步伐一致。SP 型人立刻看出搬迁有利于实现销售目标，NF 型人为接近繁华市区的餐馆和各种便利设施而兴奋不已。而 SJ 型人需要得到耐心的解答，打消各种顾虑。我们要做的就是给予耐心的解答，让 SJ 型人看到积极的一面，消除疑虑，勇敢面对。

7. 确保万无一失

一旦我们引发了 SJ 型人的关注，就要设法打消他们的疑虑，保证万无一失。如果公司总裁安慰 SJ 型员工："小孟，我敢向你保证，在新的办公地点，你会拥有和现在一模一样的办公室；而且到时你还会有一个专用通道，和现在一样迅速下到车间。你还会获得……"这些积极和坚定的担保，能帮助 SJ 型人适应变动。

8. 数据准确，信息具体

SJ 型人会寻求实际方法，分析验证各种可能。这就是 SJ 型人所谓"信任，但要核查"的态度。让 SJ 型人满意的最好办法，就是尽量提供涉及所有五种感官的信息：看、摸、尝、听、闻。这些准确而全面的信息，可以证实我们的诺言，让 SJ 型人感到万无一失，安全可靠。

9. 拒绝"可怜的我"

要耐心回答 SJ 型人细致入微的问题，但要拒绝 SJ 型任何信心不足、能力不够的推辞。SJ 型人往往会摆出一副"我好可怜"的姿态，无奈地诉说自己的缺陷与不足。这时我们要做的就是严正拒绝这种可怜，然后帮助 SJ 型人发现自己的长处与优点。

10. 对事不对人

要记住一点，SJ 型人拥有一颗敏感的心。如果必须反驳他们的观点，就要避免人身攻击，只对事不对人。

11. 重申支持与肯定

即使苦口婆心、不厌其烦地阐明了所有理由，SJ 型人的恐惧仍旧顽固不变。如果我们期望他们参与工作，就要再次给予积极的扶持。上文案例中，总裁对小孟说："好的，小孟。我意识到在这次搬迁中，交通对你的确是个难题。公司不能每天接送你，不过可以支付你停车费用。如果有必要，公司也会考虑使用班车。"

一般情况下，对峙、挖苦、嘲笑和强制对 SJ 型人来说不会有积极的效果，如果他们前怕狼后怕虎，固执己见，唯唯诺诺，这时可以采取策略性的对峙。有时，要想让 SJ 型人点头，就如同让顽石点头、铁树开花。

当然，对峙只是手段，一旦达到效果，就要立刻停止，如果对峙失控，可能会激起 SJ 型人的愤怒。我们最终的目的是要通过对峙唤醒 SJ 型人的积极思维，为 SJ 型人提供一条解决之道，让他们多角度地看到事物，对待问题，这才是根本。

只要给予 SJ 型人支持和肯定，给他们充足的时间去分析判断，他们就会做出明智选择，遵循我们的指示。

12. 内心的纠结

SJ 型通常精益求精、卓尔不群。然而，不现实的期望也成为他们的绊脚石，常常令他们止步不前。SJ 型人渴求完美，他们的最低自我要求，已经不符合现实，难以实现。因此，SJ 型人常常自认失败，干认倒霉，认为自己作茧自缚。

由于惧怕受到批评指责，SJ 型人可能会将好主意、好想法永远暗藏于心。这样做可能带来悲剧性的结果，某些卓越的梦想会胎死腹中，永远不会成真。甘愿承担风险，勇于表达自我观念，是 SJ 型人走向成熟的标志之一。通过努力，取得成绩，SJ 型人就能逐步树立信心。有两个因素，决定了 SJ 型人走向成熟与独立：听取良友净言，学会降低期望至合理的标准。明确角度定位，避免不切实际的期望和标准。

13. 我们找到了一个最佳伙伴

总之，一旦 SJ 型人接受任务，就会一心一意，排除万难地去完成。SJ 型人尽心尽责，精益求精，全神贯注于工作。他们善于提供后勤支持，遵守规则和制度，信守诺言；对于质量问题，更是毫不松懈，会一丝不苟地遵照标准，高质量完成任务。

与其他模式一样，SJ 型人在压力之下，也会产生消极想法和行动，这时他们最需要我们做什么呢？

"请仔细聆听我们的话，我们需要知道你们愿意倾听，但我们并未要求你们全然理解我们的逻辑。"

"让我们独自一个人安静思索，直到我们愿意打破沉默。我们需要时间分析判断所有的信息。"

"要耐心回答我们的疑问，我们需要时间分析你们的回应，请理解我们。假如我们反复核对你们的答案，这并非意味着我们不信任你们，我们只想保证万无一失。在我们的思维中，信任，但不能放弃审核。"

"我们需要宽容与忍耐，体谅与鼓励，请温柔又坚定地支持我们吧。"

"在我们听取你的观点后，请让我独自沉思，自由咨询其他人的意见。"

"请给我们时间适应变化，告诉我们变化的理由。"

"我们需要鼓励、肯定、赞赏，需要稳定、可靠又井然有序的环境。"

"接纳、饶恕、诚实并合乎逻辑思考的环境，是我们所需要的。"

"我们的头脑中往往同时考虑几个问题。我们常常对情感问题困惑不解，束手无策。请温柔耐心地对待我们，不带论断地回应我们。"

"让我们倾诉自己的心声，但不要因此给我们贴标签，请以恩赐忍耐对待我们。"

"帮助我们重新聚焦于自己的思绪，让我们有事可做；请向我们保证，在需要之时，我们会得到你们的援助。"

SJ 型人能成为极富潜力与价值的人。然而，在压力之下，他们的行为往往不尽如人意，被人误解。作为恪守高标准的群体，他们常有不名一文、渺小无力的感觉，并且对内心挣扎守口如瓶。通常我们能从外在观察到的，就是一个孜孜不倦追求尽善尽美的人，相信精诚所至金石为开的 SJ 型人。理解与支持他们，能使 SJ 型人的生命焕发光彩，耐心提供咨询与辅导，尊重他们的需要，愿意倾听他们的苦恼，乐意在需要之时伸出援手，SJ 型人会默默记住这段恩情，决心以同样的方式给予我们回报。

第二部分 向外管理

CHAPTER 2

第六章　如何积极有效地沟通

每个公司的员工都需要掌握有效沟通的能力，对于在不同行业从事不同职业的高级管理人员、普通员工、职业经理人以及后勤人员来说，我们的角色是一样的，都是受雇于企业的职场人。我们每天大部分时间都在与各式各样的人进行沟通：上级、对方、下属、客户、政府官员，沟通能力是决定我们事业成败的关键。我们在会议中需要交流，在一对一的谈话中需要交流，在与客户的谈判中需要交流；还会通过电子邮件、电话、即时通信工具、视频会议以及公开演讲进行沟通。我们在工作中进行沟通的目的不外乎要清晰地表达自己的观点，被团队成员理解和接受，推动工作的顺利进行。但是，现实情况与员工的期望却大相径庭，经常无法实现这个目标，有时甚至最高明的沟通者也会被人误解。因此，必须改善和提高我们的沟通能力。

一、我们为什么总是被人误解

在工作中，我们可能遭受到各种各样被人误解的情况：

- 当别人感到我们在责备他们时，我们会感到很受伤、很生气，因为我们感到已经竭尽全力控制自己的情绪了。
- 如果有人认为我们不够亲切、慷慨，我们会因为不被欣赏而愤怒，因为我们坚信自己不是他们认为的那种人。
- 有人觉得我们冷酷、粗鲁、虚假时，我们会非常沮丧。
- 如果我们的行为被人误解，或者别人觉得我们过分敏感，我们就会感觉受到了伤害，因而非常生气。
- 如果有人觉得我们个性冷淡、行为高傲，我们就会困惑于为什么他们会这么想。

• 如果有人觉得我们悲观厌世，我们就会反应过度，毕竟我们已经努力掩饰这一切，尽量表现出积极的一面。

• 在工作中如果没有被领导或同事认真对待，我们就会感到非常悲伤，因为我们自认为比对方有更多想法，对工作的了解程度也更深入。

• 我们努力自制，因此，当别人不止一次说我们控制欲很强时，我们几乎发狂。

• 如果别人不考虑我们的要求和建议，我们先会感到困惑，然后就会偷偷地生气。

这些工作中的误解都是沟通"失真"的反映。

在某些情况下，我们说过的话是否遭人误解呢？又或者，在听完别人的讲话后，我们是否感到自己并没有真正听进去呢？上面这两种情况，事实上都是"MBTI"的信息失真在起作用。我们在进行沟通时，自身性格类型所特有的谈话方式、身体语言以及盲区就会自动使我们所要说的话失真；在聆听时，我们仍然通过自己的性格类型选择和过滤所听到的内容。

我们不可能总是了解与自己交流的对象究竟属于哪种性格类型，但如果确定了自己的性格类型，我们就能尽量改善自己的沟通能力。知道如何进行交流，这是第一个步骤，然后才能决定自己需要改变些什么。

1. 信息发送者的失真表现

当我们在向对方传递信息时，有三种失真在中间发挥作用。

谈话方式：是指我们讲话以及讲话内容的总体模式。有的人语速缓慢，别人容易抓住重点；有的人喜欢甜言蜜语，有的人讲话则像机关枪一样；有的人爱讲故事，有的人爱分派任务；有的人只顾谈论自己的感受，有的人却只就事论事；有的人婉转，有的人直接；有的人沉默寡言，几乎什么都不讲，有的人喜欢交流，喜欢倾诉。

小黄是个理想者（NF 型人），是一家公司的法务主管。他的谈话方式简明扼要、直接而坦诚。他原本觉得这样会给对方一种诚实、坦率的印象，没想到却被对方误解为生硬、盛气凌人。小黄觉得自己向领导汇报工作时，清楚明了、重点突出、诚实可信，然而领导却认为他的谈话方式匆忙急促、不够细致、非常不尊重人，感觉想要尽快结束谈话、赶紧回去继续工作。

身体语言：包含我们的姿态、面部表情、手势、身体动作、精神状态以及其他不胜枚举的无须语言表示的外在动作。谈话方式和身体语言结合起来可以反映出我们80%甚至更多要表达的信息，而谈话内容只占20%。

尽管身体语言对沟通的成功非常重要，但绝大多数人不了解自己的身体语言，因为它就像我们的呼吸一样，是一种无意识的表现。

小罗是个理性者（NT型人），是一家企业的销售经理。有一次，小罗正在给公司研发部门做关于销售部门对新产品的反馈报告。其中一名研发主管认为这个描述性的报告包含了太多对产品的不当批评，于是小罗开始为自己辩护。这时对方突然说道："我感觉小罗开始发火了。"小罗一边用拳头拍打桌子，紧锁眉头，一边大声吼道："我没有生气。"会议中开始爆发出轻微的笑声，因为小罗的身体语言已经暴露了他真实的状态。

盲区：盲区所包含的信息对我们来讲不是很明显，而对方却很容易察觉到，因为我们在不知不觉中，通过谈话方式、身体语言以及其他可推断的表现泄露了我们的盲区。比如经常清嗓子、拉头发、站立时交叉双腿，或者不断地重复"这个嘛，那个嘛"，或者对自己行为和个性中的盲点浑然不知。初次听到这些我们肯定会很惊讶，而这些都是盲区所透露出的信息。每种类型的人都有自己独特的盲区，无心地向对方不断传递一些无意识信息。

小毛是个技艺者（SP型人），是一家物业管理集团的管理人员。他非常有条理、聪明、有战略目标，能够出色地训练缺乏经验的员工，因此，公司总是希望他能够晋升到一个更高的领导岗位。小毛对此感到惊慌，他希望成功，但对自己易怒的个性非常担忧，觉得这种性格短板会把一切搞砸。

小毛参加了一项管理培训，通过学习，他发现自己的问题并不是出在易怒上，而是由于自己性格类型所具有的盲区：易受攻击的个性和随后过于强烈的反应。培训师发现，小毛在工作过程中，有两种谈话内容总会引起他的过度反应：一个是对他本人的不真实的描述和诽谤，另一个就是对他关心的人的负面评价。即使培训师提前告诉他这种谈话内容即将发生，小毛还是会忍不住发怒，感到受挫和伤心。因此，对小毛来说，认真研究一下这个盲区对他的成长和未来的成功有至关重要的作用。

2. 信息接收者的失真表现

接收者也会通过失真的滤镜来过滤信息发送者所说的内容，而这种过滤过程也是无意识的，不同类型的人所关注的内容也会有所不同。比如，如果我们比较关心对方是否接纳了自己，或者担心对方是否要占用自己的时间和精力，那么我们就不可能拥有足够清晰的头脑来正确判断对方所要表达的意思。很多帮助员工提高沟通能力的课程都会教授一项技能：积极聆听，即在对方讲话时先认真倾听，然后再向对方解释自己的理解和观点，看是否正确。

但是，即便我们努力正确听取对方要表达的内容，绝大多数人还是会错过一些信息或误解对方的意思。这是因为在某种程度上，我们总是不自觉地选择我们所要听取的内容，将很多我们不关注的信息给过滤了，很多时候，恰恰是这些被过滤的信息，才是对方所要表达的真实意图，如图6-1所示。

谈话方式	身体语言	盲区		失真的滤镜
信息发送者的失真				信息接收者的失真

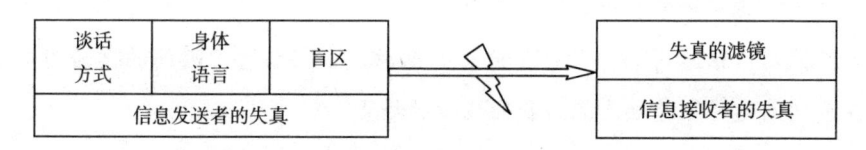

图6-1　信息发送者和接收者的失真对比情况

在介绍了信息发送者和接收者的失真后，下面我们将会总结这些失真在每种MBTI人格类型中所起的作用，即人们为什么被人误解以及为什么误解别人的想法。

每种类型的员工都有自己独特的谈话方式、身体语言、盲区和失真滤镜。为了避免被误解，最好的办法就是改变我们谈话的方式。首先，需要了解自己的交流模式，然后努力改变自己的行为。同样，为了能够最大限度地正确理解对方的想法，我们就要尽量减少失真滤镜所起的作用。在确定了自己的失真内容后，应该努力降低甚至消除它的负面影响。

方略1：大胆直接，描绘战略蓝图

小何是一家制造企业B生产线的主管，主导SP型人，谈话方式表现为主导和权威式。最近他所在的企业被别的公司收购了。新公司决定不再和被收购企业的一些员工续约，经营层将这项裁员计划交给小何去处理，这是个费力不讨好的任务。对这项决定，小何无能为力，只能硬着头皮做，但收效甚微。更为致命的是，新公司发过来的信息一变再变，整整4个月，有些关键问题仍然没有弄清楚：哪些员工可以留下，合同时间从何时起算，岗位如何安排，薪酬如何确定；哪些员工要被解雇，合同何时终止，赔偿如何计算。种种整合期表现出的混乱、不公和相互推诿让小何非常沮丧，而他的上级，新公司的副总裁，对发生的一切却知之甚少。

一天在等电梯的时候，小何突然走到新公司的张总面前，不假思索地脱口而出："如果公司可以随意终止劳动关系，甚至不给雇员提供办公场所，我们的赔偿方案变来变去，那公司还有什么资格要求员工对企业忠诚呢？"这是两个月来小何第一次碰到张总，就劈头盖脸向上级发出了质问。张总被他突如其来的指责惊得不知所措，沉默地站在那里。小何在说话的时候，旁边还站着另外三个人，其中一个恰巧是公司总裁。

几天后，张总对小何进行了严厉的批评，小何脑海中瞬间的懊悔消失了，取而代之的是对张总缺乏能力和同情心的指责。

小何在电梯前碰到张总，他的谈话方式和身体语言都非常强烈，虽然小何并没有感到自己这些强烈的状态。小何质问张总的新闻迅速在整个公司传播开来，有人认为他是英雄，也有人不以为然。但更多人认为小何过于鲁莽，不注意场合和时机，谈话方式生硬，身体语言强烈，将小何当作反面教材。

1.如何看待小何的谈话方式

SP型人喜欢挑战，但不欣赏来自对方毫无预料的挑战，因为SP型人的谈话方式会因形势的不同而有差别。在不那么重要的情形下，SP型人也可能表现出轻松的谈话方式，他们会表现得轻松、愉快，要么发表一下对自己或事情的评论，要么加入到对话中谈论一下自己的看法，有时甚至会开一些玩笑。如果 SP 型人觉得无聊，他们的思维可能会飘离出去，转而去思索一个完全不同的问题。

SP 型人就像一个居高临下的权威人士，经常描绘一些庞大的战略性蓝图，有时也可能因为任务的需要，偶尔关心细节。SP 型人精力充沛、个性坚强。只有在觉得对方和自己水平旗鼓相当时，才愿意和对方开诚布公地谈论重要的问题。然而在不确定如何行动的情况下，SP 型人会表现得比较安静，开始严肃认真地考虑下一步的行动计划。当 SP 型人的思维出现盲目、僵化时，对方可能充分领略到他们的强悍乖张。

对于裁员这么重要的问题，小何像很多 SP 型人一样，敢于正面迎接挑战。没有任何前奏和征兆，和新公司的副总裁关系也非常一般，小何却不假思索地在大庭广众之下质问自己的主管。小何的冲动是由于几个月的情绪积压所造成的，不由自主地把愤怒表达了出来。小何对事情的判断当然是正确的，但是他还是应该反思一下，如果能够注意时机和措辞，效果会更好。

SP 型人在受到不公的批评时，会习惯性地指责对方，然后采取行动，或者报复，或者离开。

主导 SP 型人的谈话方式

- 大胆、命令。
- 描绘大的、战略性的蓝图。
- 为了构建或者控制形势进行说明。
- 对细节表现得不耐烦。
- 言辞强烈直到对方被迫给予回应。
- 可能会直接表达愤怒。
- 讲话直接。
- 说话很少，表现出压迫性沉默。
- 感觉被批评时开始指责对方。

2. 小何的身体语言

SP 型人通常具有明显的身体语言，易于察觉，即使语气缓和的时候也是如此。

当SP型人走进会议室，在座的同事，就连SP型人的上级总能感受到他们居高临下的权威性，即使SP型人极力收敛，也难以掩盖他们那自信满满的气场。在说话时，SP型人总是随时改变自己的声音以调整影响力，希望自己的每一句话像刀子一样刻在听众心里。即使SP型人保持沉默，他们表现出的一些无言暗示也会让周围人感受到充沛的精力和强烈的压迫感。

SP型人一般会努力自制，因此，当别人不止一次说他们控制欲很强时，他们非常震怒，几乎发狂。

主导SP型人的身体语言

- 即使沉默时，身体语言也很明显。
- 调整音量。
- 语速快而且生硬。
- 通过各种方式达到最大影响力。
- 强烈的无言暗示。
- 拍打一切可以发声的东西。
- 眉头紧锁，眼睛直视对方。
- 不断摇头。

3. 沟通盲区

SP型人总是以自己的行为去衡量对方，给对方一种压迫感，"我这样，别人一定也这样"，这是SP型人沟通盲区的问题所在，但他们却毫无察觉。

当张总被小何的质问吓到时，小何感到很惊讶，在小何看来，他觉得作为一名高级管理人员，不应该丢失勇气。因为小何自己是有勇气的人，他认为张总也应该是这样的人，在面对质问时能积极回应。

小何感到惊讶，是因为这是SP型人的一个盲区在起作用：没能意识到即使是并不胆小的人，也会被自己突如其来、充满压迫感的语言和气势吓到。从小何的角度看，他已经努力地控制自己的情绪，张总看到的可能只是自己真实感觉的60%。另外，小何希望张总和自己旗鼓相当，但在张总和其他人眼中，小何的那种行为富有侵犯性，好像在强迫自己放弃原来的主张，显得粗鲁、专制和蛮横。

有时SP型人会努力掩饰自己的缺点，但这在相对安静的时刻反而会无意识地显露出来。这个时候，SP型人可能正在反省所发生的事情或者开始担忧未来的局势是否会更加困难，但SP型人的压迫感会无形传递到对方心里，让对方感受到这些缺点。

主导SP型人的盲区
- 没有意识到自己的行为，即使一些并不胆小的人也会被吓到。
- 他们的精力比自己预想的还要旺盛，认为别人也同自己一样。
- 即使在尽量抑制的情况下也会表现出一种压迫感。
- 不是所有人都能像自己那样迅速抓住机会，但SP型人却不这样认为。
- 有时在毫无意识的情况下，SP型人也会显露出自己的缺点。

4. 失真的滤镜

SP型人具有强烈失真的滤镜。他们痛恨软弱，同时又觉得需要帮助那些不能保护自己的人。SP型人面对软弱的态度也说明了为什么他们总是无意识地在别人面前掩饰自己的缺点。在和别人交往时，SP型人总是会评定一下对方是强者还是弱者，是否要尽力控制局面等。如果对方表现软弱，SP型人就会瞧不起这些人，对这些人所说的内容也不以为然。如果对方试图控制局面，SP型人通常会随时准备反击。如果对方态度强硬但行为愚蠢，SP型人会表现出自己的蔑视，转而控制整个形势。如果真的有人需要保护，SP型人也会毫不犹豫地承担起这个责任。

小何认为张总没有能力、毫无责任感、控制欲强并且软弱，同时感到那些遭到解聘的员工需要自己的保护。另外，小何也不信任张总，认为张总在赔偿方案方面对员工使手腕。小何还认为张总是故意告诉自己错误的信息，这样那些被解雇的员工最后会怪罪自己，自己成了一只替罪羊，最后还会被张总一脚踢开，遭受被解雇的命运。

小何在这四个月中没有和张总进行深入、坦诚和即时的沟通，使自己失真的滤镜不断被放大，最终与自己的上级发生了严重冲突。这是小何沟通失效的最终结果。

主导 SP 型人的滤镜
- 帮助那些自己认为应该帮助的人。
- 痛恨软弱和胆怯。
- 喜欢控制。
- 喜欢诚实。
- 不喜欢被人责备。

方略 2：活泼乐观，讲述动人的故事

小方和同事老陆是一家儿童玩具公司业务 3 部的销售人员，小方是一个温和 SP 型人，希望能够得到一份大的订单。这个客户是老陆的朋友介绍过来的，后来老陆邀请小方和他一起工作。老陆在儿童玩具领域已经有 20 年的工作经验，并且准备好了给客户的展示材料。而小方两年前曾经完成了一个比较小的但与这个订单相似的项目，而且很成功，因此她觉得自己在这个领域也很精通，是个专家。老陆开车时，小方开始浏览那份 20 页的展示材料。大约 5 分钟后，小方觉得自己已经对随后的工作胸有成竹了，并就项目方案的修改提出了很多新的建议。她的想法有些还是很有价值的，而另一些则缺乏实用性。在停车场，老陆下车后询问小方是否需要花点时间再看一遍相关文件。

"我已经看完了"，小方自信满满地回答。

老陆问道："你真的这么快就看完了？"

小方眼睛明亮，微笑着快速答道："我的速读技巧是在南方财经大学商学院读书时掌握的！那是一门课程，每个学生都要求学习。"内心深处，小方有些生气，她开始在车边踱步，心想："为什么老陆认为我没有读完这些材料？如果浏览就能获得相同的信息，我为什么非要一个字一个字地读呢？"

1. 如何看待小方的谈话方式

在被含蓄地质疑知识不足或者经验欠缺时，为什么温和 SP 型人仍然能够全身心地投入到工作中，根本不受影响呢？SP 型人的谈话方式自然，能快速地讲述一个又一个信息，喜欢通过讲故事来阐述自己的观点，并且想法不断变化。SP 型人乐观、迷人，就算从别人那儿听到一些负面信息，也会立刻开始重组信息，从积极的一面进行思考。如果做不到，SP 型人会批评对方，这通常发生在 SP 型人觉得自己也被责备的时候。

小方具有 SP 型人的谈话方式：自然、语速很快，时时反映着她头脑中的想法；另外，她的思维也快速地从一个想法跳跃到另一个想法，反应敏锐。小方浏览完材料后的行为也表现出 SP 型人的风格，她想出了很多新点子，然后快速地按照顺序一个接一个讲出来，就像与自己自由讨论一样。

小方还会给一些含蓄的负面评价寻找积极的解释，这种信息的重组可以从她对"浏览"一词的解释中看出来。对绝大多数人来说，浏览并不是真正的阅读，而是快速粗略地了解大致信息。然而按照小方的观点，浏览等同于阅读，还是更有效率地获取信息的方法，那为什么还要一个字一个字地读呢？

温和 SP 型人的谈话方式

·说话快速、自然。
·讲述动人的故事。
·从一个话题转向另一个话题。
·乐观的、有魅力的。
·避免谈论关于自己的负面话题。
·重新组织负面信息。

2. 小方的身体语言

小方认为老陆对自己过于吹毛求疵，而她的这种想法已经通过身体语言明显地表现出来。当小方解释自己曾经参加过速度培训时，她提到自己在一所著名财经大学学习，这是为了向老陆传递自己受过良好教育的信息。小方有些生气，但是老陆并不一定能够感受到她的情绪。小方的嗓音变得尖锐，表明她已经开始心烦，但音量较小，而且依旧面带笑容，目光炯炯。SP 型人在不高兴的时候也会微笑，但却会显得比较警惕，因此，他们的身体语言可能会使人比较困惑。

SP 型人在讲话时喜欢绕着什么走或者来回踱步，就像小方在老陆的车边走来走去那样。在很多情况下，SP 型人的身体语言比较活跃，并不仅仅对应某种特定的情绪。比如说，被一个想法分散了注意力或者外界的刺激都会让 SP 型人激动，然后他们就会走来走去；但是这些身体语言最常对应的情绪包括激动、焦虑、愤怒或沮丧。

温和 SP 型人的身体语言

- 微笑、眼睛明亮。
- 生气时嗓音比较尖锐，但音量小。
- 面容活泼，手势或胳膊的动作很多。
- 讲话时可能绕着什么走或者来回踱步。
- 很容易分散注意力。

3. 沟通盲区

这个案例同时还说明了 SP 型人的盲区。起初，老陆只是问了小方一个事实问题，因为他并不了解小方可以像她自己说的那样快速地浏览并吸收相关信息。另外，老陆认为小方后来提出的建议并不实用，可能是缺乏对该领域的相关经验，他开始怀疑小方的能力。然后老陆开始关心小方是否真的掌握了展示材料的所有信息，担心她是否具有和自己合作的深度。而小方在汽车边来回踱步也扰乱了老陆的思绪，使他没有弄清楚究竟小方都说了些什么。

工作中如果没有被认真对待，SP 型人就会非常伤心，因为他们认为比别人有更多的想法，对工作的了解程度也比别人更加深入。然而，SP 型人可能并不知道，被漠视或被刺痛部分来自于他们的沟通盲区，如果揭开这个盲区，SP 型人一定会恍然大悟。

温和 SP 型人的盲区

- 可能并没有完全吸收自认为已经掌握的信息和知识。
- 没有认识到正是由于自己的行为才导致没被认真对待。
- 经常变换的想法以及活跃的身体语言会造成对方的不安。

4. 失真的滤镜

在老陆询问小方是否需要时间再看一遍相关文件时，她失真的滤镜开始发挥作用。小方觉得老陆问这个问题是在表达一种对自己的负面评价，她觉得这是对自己能力的一种质疑。

另外，SP 型人的第二个滤镜也在运转：小方在老陆结束谈话之前已经开始假设他的真实想法。这个案例中，小方还认为老陆是觉得他比自己能力强。

小方的这些反应导致她认为老陆的潜在目的只不过是在这个项目中掌握控制权。SP 型人如果觉得有人想要控制形势或者冒充权威，就会变得非常警觉，深怕对方限制自己的选择。而从老陆的观点来看，他的确主导着这个项目，客户也是和自己联系，在这个领域中老陆远比小方有经验。而小方却越来越担心自己必须在这个受压制的环境中接受老陆的领导，还要承担长时间的责任。这些都是 SP 型人失真的滤镜在过滤信息后的真实反应。

温和 SP 型人的滤镜

· 感觉自己的能力被贬低。
· 觉得知道对方要说些什么内容，就不再认真聆听。
· 总是认为对方可能要对自己进行限制。
· 被迫承担一个长时间的责任。

方略 3：坦诚优雅，给予赞美

小孟和小龙是同一家医院的同事，小孟是一位劝说 NF 型人。一次，小孟和小龙在吃午饭时闲聊，小孟关切地询问小龙最近怎么样。小龙很伤心地说他一个非常亲近的同事最近在爬山时去世了，这件事小孟也知道。原来，前段时间，医院组织了一次个人发展和成长的培训，小孟和这位同事都参加了，其中一门是帮助他们克服恐高症的爬山课程。在高 200 米的悬崖上，这位同事却突发严重的心脏病而去世。小龙觉得培训师在这件事发生后表现得非常冷漠，在后续的课程中，好像已经忘了事故的发生。小孟恰好是这位培训师的朋友，而且私下里，这位培训师不止一次表示过对事故的痛心和悔意。当听到小龙准备找自己朋友麻烦时，小孟变得非常激动并且指责了小龙。

1. 如何看待小孟的谈话方式

在和他人的交流中，小孟经常使用"给予"这个词来形容自己。劝说 NF 型人在谈话时，经常询问问题，并且不时地赞美别人，很少将注意力放在自己身上。事实上，如果有人讲到有关自己的问题，他们总是会把话题转移到对方身上。当听到不喜欢的内容时，NF 型人温柔、富有同情心的声音也会瞬间发生变化，显得非常不高兴。

无论询问小龙的状况，还是听到朋友被人攻击，会毫不犹豫地指责对方。虽然对象不同，但反应是一样的，都体现了 NF 型人对别人关注的特点。

劝说 NF 型人的谈话方式
- 询问问题。
- 给予赞美。
- 关注别人是否满足。
- 很少提到自己。
- 声音温柔。
- 听到不喜欢的话题时会感到生气或者开始抱怨。

2. 小孟的身体语言

上述场景清楚地表明了 NF 型人谈话方式的变化，先是温柔、轻松，当激动时，嗓音会变得充满抱怨和愤怒。同时，身体语言也会发生明显的变化，微笑、放松、关切等面容不见了，瞬间转为眉头紧锁、表情紧张，这些变化非常明显，即使在通电话的情况下也能感觉到。因为小孟觉得自己的朋友正处在被围攻的危险中。

但很多时候，当 NF 型人听到有人说自己不够亲切、慷慨时，他们就会非常愤怒，因为他们坚信自己不是别人说的那个样子。

劝说 NF 型人的身体语言
- 微笑，轻松自在。
- 放松的面部表情。
- 坦诚、优雅的身体动作。
- 激动时眉头紧皱，面部紧张。

3. 沟通盲区

上面的对话结束后，因为害怕小龙不开心，小孟又一次约小龙一起吃午饭。小孟首先问道："我想知道你的情绪是否已经平复了？"紧接着又说："不要做伤害培训师的事情，他已经尽到责任了，对突发事件他也无能为力。"

上面的谈话内容显示出 NF 型人的第一个盲区，即乐于帮助别人的表现下面可能掩藏着深层动机。

在这个案例中，小孟的深层目的就是要保护那个培训师，从而获得这位朋友的赞扬。在其他情况下，NF 型人在热心帮助他人时，可能存在各种各样的潜在目的，比如，为了获得他人的感激，为了使自己感觉良好，或者希望别人认为自己是必不可少的一员等。无论何种目的，都与 NF 型人渴望认可与赞赏的需要紧密联系在一起，尤其是来自朋友、亲近的同事和家人的肯定，这往往是 NF 型人非常乐于助人的深层动机。在这个动机的催动下，小孟产生的认知盲区，越发错误地认为小龙一定在准备采取进一步的行动。

NF 型人的另一个盲区在上面的案例中也有显现。NF 型人可能会问一大堆问题，如果由于某些原因又对谈话丧失了兴趣，他们的注意力就会迅速转移到其他身上。小孟在问小龙最近怎样时，对他的答案并不感兴趣，因此也没有注意到小龙的悲伤和愤怒，小孟的心思已经完全集中到那个培训师是否会受到攻击这件事上。

劝说 NF 型人的盲区

- 慷慨、友好、乐于助人的表现背后可能隐藏着目的。
- 如果对他人不感兴趣，就会迅速逃离。

4. 失真的滤镜

这个案例同时显示了 NF 型人的失真过滤是如何发生的。上述案例中未提到的一点是第二次谈话快要结束时，小孟问小龙："你还喜欢我吗？"NF 型人的两个过滤器通常是交织在一起的：一个是自己是否喜欢对方以及对方是否喜欢自己，另一个则是对方是否在指责自己喜欢或者亲近的朋友。在这个案例中，小孟认为小龙正在攻击那个培训师，而那个培训师是别人和自己都非常尊敬的人。

劝说 NF 型人的滤镜

- 他人是否喜欢自己。
- 自己是否喜欢对方。
- 自己是否愿意帮助对方。
- 对方的影响力有多大。
- 对方是否准备伤害自己想要保护的人。

方略4：严谨高效，自信而富有逻辑

小高是一家IT公司人力资源部的培训经理，一个实干NF型人，谈话方式表现为务实。小高常常感到烦恼，因为当他听到同事或上司认为自己冷酷、粗鲁、虚假时，就会感到非常沮丧和不知所措，小高坚信自己不是别人认为的那个样子。

小高正专注于如何成功地完成一个培训课程，中间休息时，同事小姜找他谈了一些事情。小姜说："我觉得课程进行得并不是很好，另外还有一件事，主管研发的副总裁约我今晚一起吃饭，他也是这个课程的参与者。可是他的太太出差了，我该怎么办呀？"

犹豫片刻之后，小高回应说："课程结束后我们再讨论这件事吧。"实际上，小高心里想的是："小姜为什这会儿来找我？课程还有四个小时就结束了，我们应该专心致力于如何让一切顺利进行。反正现在除了这个我什么都不想。"

小姜又迷惑又着急，她的想法是："难道小高没有听到我在说什么吗？"

1. 如何看待小高的谈话方式

小高的反应恰恰表明了NF型人的务实的谈话方式：有逻辑性、有效率，同时只关注重点。小高的目的非常明确：我现在不想讨论这件事。小姜认为课程进行得不是太好，但小高无法把一切重新拉回正轨。副总裁对小姜提出的过分要求使小姜感到忧虑，严重影响了她的工作状态，只会损害接下来的工作。小高的反应正是NF型人最典型的选择，那就是当面对自己所知甚少并且无法解决的问题时，他们就会变得不耐烦。同样，小高也要尽量避免讨论一个可能让他偏离目标的话题。

课程结束后，小姜再一次和小高讨论这个话题。小高听了一会儿，只对部分感兴趣，然后就开始按照时间顺序列出了一些小姜在培训过程中表现不足的地方。所有写下来的内容都是小高经过深思熟虑的，逻辑严密、富有条理。

实干 NF 型人的谈话方式

- 清晰，有效率，逻辑严谨，经过良好的构思。
- 语速快。
- 避免自己所知甚少的话题。
- 避免会显示自己消极一面的话题。
- 喜欢列举具体的事例。
- 对长时间的谈话表现不耐烦。

2. 小高的身体语言

小高的身体语言展现了 NF 型人务实、自信的一些方式。尽管小高对培训课程的顺利进行也存在疑惑，但没有人会看出小高也存有这些忧虑，也没有人知道小高经过思考会对小姜的苦恼说些什么。高耸的肩膀以及来自胸腔处的呼吸使小高看起来非常泰然自若，镇静坦然。

不管是在课间休息，还是课程结束后的谈话，小高都清晰地表明自己对这个谈话内容不感兴趣，完全没有耐心。小高向小姜表明了自己的态度后，剩下 95% 的时间都在为完成既定目标服务。

实干 NF 型人的身体语言

- 看起来有条理。
- 看起来有自信。
- 从胸腔处深深地呼吸。
- 肩膀耸起。
- 为产生影响故意做出某种行为。
- 经常四处张望观察别人的反应。
- 让对方知道是时候该结束了。

3. 沟通盲区

小姜无意识地触动了小高的一个盲区。如果觉得对方没有能力或没有自信，NF 型人会变得不耐烦。其实，小姜只是表达了自己的忧虑，但在小高的眼中，小姜的这种忧虑是缺乏自信和勇气的表现，会给自己和工作带来不好的影响。同时小姜的行为还可能阻碍培训课程的顺利进行。另外，小高也不能忍受小姜关于课程的负面评价，这是 NF 型人第二个盲区：不愿意讨论负面的话题，尤其是那些可能预示自己和目标失败的话题。

小姜觉得小高非常冷酷、粗鲁，没有真正关心自己的感受。但在其他场合，小高又会展现出 I 型的特点：风度翩翩、善于沟通、热情、自信和富有感染力，让团队每个成员都感到轻松，是可以依靠和信任的伙伴，这些差异让小姜感到非常困惑。

当听到有人觉得自己冷漠、粗鲁、虚假时，NF 型人会感到非常沮丧和不知所措。

实干 NF 型人的盲区

- 认为对方没有能力时会变得不耐烦。
- 避免讨论自己失败的经历。
- 表现得很有紧迫感。
- 表现得非常着急或者看起来不太理会他人。
- 可能看起来有些粗鲁、虚伪。

4. 失真的滤镜

小高性格中的失真功能使他无法了解小姜的真实想法。事实上，小姜希望和小高协作，一起努力改进课程，但对副总裁提出的过分要求，也希望得到小高的支持和帮助。然而，小高的性格漏斗过滤了小姜真实的表达，他获得的信息却是员工不喜欢这个培训，这可能影响课程的顺利进行。绝大多数 NF 型人在谈话中都会无意识地过滤那些预示自己可能失败的信息。

另外，小姜在和小高的谈话中显得非常疲惫。NF 型人不太相信那些不自信的人所提供的信息，通常不愿意和没有能力或者没有勇气的人近距离接触。小高对小姜的态度恰恰表现出了 NF 型人的上述特点。

实干 NF 型人的滤镜

- 信息对自己是否有用。
- 信息是否会影响自己目标的顺利达成。
- 对方是否表现出自信和能力。

方略 5：随和谦逊，照顾各方利益

小胡是一个典型的战略 NT 型人，10 年来，成功地经营着自己的事业，是一家大型电力制造企业的市场经理，目前她还是公司市场管理委员会委员。这个委员会的主席由公司分管市场的隆副总裁兼任，委员则分布在公司各个分支机构，每个月通过视频会议进行交流，委员们一年仅仅碰面两次。下面的事情发生在6个月内，包括视频会议以及私人的电话交流。

委员会不太满意目前公共关系代理机构的表现，希望能换一家更专业的代理公司。隆总推荐了一家电信公司，这家公司目前想把业务范围扩展到公共关系领域；同时，隆总还提议了另一家在公共关系方面富有经验的公司作为备选。

委员会开始讨论究竟聘用哪家公司，小胡帮助整个委员会了解两家公司的优势和劣势。另外，她还非常认真和细致地列出了对代理公司的各项能力要求：包括表格、数据和分析图。在其中一次视频会议中，小胡建议选择那家有经验的代理公司。

然而，委员会最终选择了隆总推荐的那家电信公司。3个月后，这家电信公司无法完成合同所规定的各项义务，公司的负责人不了解公共关系所牵涉的各项事务，团队成员都是新招聘的员工，从业时间很短，基本不具备从事这项工作的相关经验。委员会不得不再找一家公司来处理公共关系事务，由此证明小胡的判断是正确的。

小胡相当气愤，在一次私人通话中，她向委员会的一个同事抱怨道："我从来没见过管理这么混乱的委员会，根本不能听取别人的不同意见！"

1. 如何看待小胡的谈话方式

NT型人通常会按照顺序讲述所有细节信息，他们会照顾到各方面的问题，尽力维持和谐关系。小胡在管理委员会的谈话方式就是如此。委员会有些同事的确记得小胡曾经建议选择那家有经验的代理公司，但没有人知道她当时都说了些什么。这种集体失忆部分是由小胡表达观点的方式造成的。

按照小胡的想法，她已经列出了公共关系公司应该具备的各项能力，同时也指出了这两家公司的优缺点，而这些表述都是通过大量的表格、数据和分析图展现的。很明显，委员会其他成员通过自己的分析，就应该充分认识到那家电信公司欠缺相关的能力。另外，小胡也的确建议委员会选择那家有经验的代理公司。

然而，委员会并不像小胡认为的那样去解读她的行为。小胡的目的是让大家选择那家有经验的公司，但在陈述自己的观点时，小胡的铺垫、辅助性工具过多，没有突出重点；对两家公司的分析用了同样的精力，没有展示出倾向性。只是在最后表达了"建议选择那家有经验的代理公司"。让大家感觉小胡只是在流程性地展现信息，甚至感到小胡好像也很支持那家电信公司。

上述案例中未提到的一点是在投票的时候，隆总询问大家是否都支持电信公司，小胡为了避免冲突，也没有清晰地表达自己的观点，而是用了"啊哈"的词语。在小胡看来，"啊哈"只代表自己了解对话的内容，相当于两人谈话时的点头而已，并不代表同意，尽管很多人都不像她所说的这样理解。这种传递信息的模糊性，导致接收者产生误判，没有人知道小胡其实那么强烈地反对选择那家电信公司。而小胡却因为大家没有听取自己的意见而感到困惑和不满。

如果别人不听取自己礼貌的要求和建议，NT 型人先是感到困惑，然后会暗自生气。

战略 NT 型人的谈话方式

- 按照顺序提供细节信息。
- 尽量公平，照顾到各方利益。
- 内心反对，为了避免冲突，表面赞同。
- 使用的表示同意的词语常常是"是""啊哈"等。

2. 小胡的身体语言

小胡的身体语言同样会让其他委员误解她的真正意思。NT 型人在谈话和表述观点时，通常随和、谦逊、放松，很少公开显露自己的情绪，在持积极或者中立态度时经常微笑。这种身体语言，会让人产生误解，感觉小胡的观点和表述非常随意，只是在例行公事而已，选哪家公司都可以。

如果 NT 型人不太赞同，他们的不同意经常显示在脸上，而不是口头上。由于视频会议的局限性，其他成员很难长时间和细致地观察小胡的表情，从而无法了解她的真实意思。

这些身体语言都会掩盖小胡的真实表意，使同事产生误解。

战略 NT 型人的身体语言

- 随和，看似随意，放松。

- 微笑，谦逊。
- 很少显露强烈的情绪，尤其是负面感受。
- 通过面容而不是身体语言来表达情绪。

3. 沟通盲区

小胡很生气，但是她的愤怒却不是针对自己的意见是否被忽视，而是针对整个委员会的能力和水平，她想当然地认为委员会管理混乱，能力很差。小胡的愤怒点之所以发生变化，是因为 NT 型人的盲区在发挥作用。

小胡没有意识到她对公共关系事务的详细解释没有抓住委员们的注意力；也没有意识到，由于对两家公司的分析投入了相同的精力，同时列出了多种观点，其他委员已经开始怀疑小胡是否知道正确的选择；小胡缺乏清晰的态度，使她的观点缺乏相应的影响力。尽管小胡认为自己的表达已经足够清晰，但这种不够直接的方式使得同事根本无法理解她的真正意图。

战略 NT 型人的盲区

- 长时间的解释导致听众丧失兴趣，产生疲惫感。
- 罗列多种观点，导致自己的真正看法缺少影响力或者可信性。
- 别人不能理解 NT 型人的真正需要。

4. 失真的滤镜

NT 型人对被忽视的感觉非常敏感，这种失真滤镜的作用清楚地从小胡对委员会的评价中显现出来："我从来没见过管理这么混乱的委员会，根本不能听取别人的不同意见！"

NT 型人在被批评或者被轻视时也很敏感，这通常发生在有人不同意他们观点的时候。小胡觉得整个委员会都反对自己的观点，这个失真的滤镜使她根本没有注意到事实上还是有人赞同自己的。

小胡在向同事抱怨"管理混乱"时，另外两个失真的滤镜也在发挥作用。这个同事并不赞同小胡的看法，并试图改变她对委员会的看法。如果 NT 型人觉得别人在向自己提出要求或试图改变自己，就会表现得非常抗拒。当听到同事反对自己的观点时，小胡固执地坚持自己的立场，这时她已经无法听取对方的任何信息。

那个同事解释说自己从一开始就赞同小胡的观点，但是却无法同意小胡关于委员会的说法。而对于小胡，她只注意到了这位同事反对自己对委员的看法。

在担忧对方是否生气时，NT 型人的另一个滤镜开始工作了。因为 NT 型人是那么热切地希望维持和谐的人际关系。小胡在抱怨委员会的时候，才觉悟到谈话的对方就是委员会的副主席，她开始害怕副主席是否会因为自己的批评而感到愤怒；由于过度担忧，小胡根本没有听副主席后来说了什么。

战略 NT 型人的滤镜
- 要求 NT 型人改变或者做某些事情。
- 被批评、忽视或者轻视。
- 别人拥有相反的观点。
- 害怕别人对自己生气。

方略 6：分析探索，给予中肯的评论

小贾是一家商业银行的理财经理，探索 NT 型人，工作很出色，能力很出众。最近小贾必须和领导谈一下晋升和涨薪的问题了，他非常担心，已经在脑海中无数次地排演过这个场景。因为害怕领导忘记事先预约的时间，小贾已经打了几次电话提醒领导；另外，想到领导可能迟到，他已经先期为此做好准备，以防到时惊慌失措。

是应该直切主题呢，还是先介绍一下自己对公司的贡献？这个问题以及其他很多可能的选择一遍遍地浮现在小贾的脑海里，如影随形，挥之不去。

小贾来到领导的办公室，他首先介绍了自己对公司的贡献，语气大胆，又很温和。说到中间时，小贾开始担心领导是否同意自己所说的内容。他的讲话开始变得犹豫："你，你，你是否也这样认为呢？"

1. 如何看待小贾的谈话方式

探索 NT 型人的谈话方式，有时显得清晰、自信，有时听起来又模糊、担忧。

当领导提到一些不太赞同的方面时，小贾简直要发狂，他努力控制着自己的情绪，或者说试图掩盖自己的情绪。

最终小贾提到晋升问题时，他是这样开始的："好的，也许你并不想这样做，因为……"

NT型人经常先预想一些消极的可能性，然后针对这些可能性提出解决的方法，就是对一个预想的危机提出实用的解决方案。

探索NT型人的谈话方式
- 开始是分析性的评论。
- 讲话要么断断续续，显得很犹豫；要么大胆、自信。
- 喜欢谈论烦恼、令人关心的事以及进行假设分析。

2. 小贾的身体语言

NT型人具备勇气时，他们的身体语言会表达出这种勇气，就像小贾在谈话之初的表现一样。他们身体前倾，眼睛直视对方，看起来就像能够实现任何目标。这个时候，NT型人显得兴奋、迷人、精神投入。如果他们表现得担忧，就立刻像受到围攻一样，眼睛开始水平地来回移动，面部肌肉变得紧张，看起来就像被猎人追赶的小鹿。在巨大的压力下，NT型人的这些无声反应都是无意识发生的。

探索NT型人的身体语言
- 眼神大胆、直接。
- 显得兴奋、迷人、投入。
- 有时眼神会水平地来回移动，像在扫描危险。
- 面部表情显得担忧。
- 感觉到威胁时快速地无声反应。

3. 沟通盲区

如果有人觉得NT型人悲观厌世，他们就会反应过度，毕竟他们已经努力掩饰这一切了，尽量表现出积极的一面。

尽管小贾已经努力掩饰自己的不开心，但在别人看来仍然很明显，这就是NT型人的盲区：无论如何掩藏，别人总能感受到他们的担忧。NT型人有时看起来很自信，但他们表现出的明显担忧却会让别人质疑他们的能力。比如，小贾的领导可能也开始担心：如果小贾自己都觉得不可能获得晋升，那我也不应该提高他的职位。另外，NT型人还喜欢设想最坏的结果，这样往往给人留下消极、悲观、什么也不做的印象。

探索NT型人的盲区

- 进行最差后果的预想会给人留下消极、悲观、什么也做不成的印象。
- 自我怀疑和担忧会让别人质疑NT型人的能力。
- 无论如何努力掩饰，NT型人忧虑和担心的表现还是很明显。

4. 失真的滤镜

在去见领导之前，小贾身上的失真滤镜已经在发生作用。NT型人和SJ型人一样，也属于情绪型，对权威非常敏感。NT型人对权威所持的态度是看他们能否正确地利用自己的权力，即是否能够公平、公正地运用权力，更重要的是不会伤害到自己。

NT型人的第二个失真的滤镜就是把自己的态度、感情或猜想归因到别人身上。当小贾觉得领导不同意自己的自我评价时，他开始列出一堆自己不能获得晋升的原因。事实上，小贾是把自己的恐惧归因到领导身上，他觉得领导是因为对自己某些方面的表现不满意而不提升自己的职位，但又不知道哪那方面的原因，只得将他主观认为的原因罗列出来。

小贾不但预想了最坏的场景，而且把自己的想法投射到领导身上，觉得领导对自己充满怀疑。小贾认为领导对自己能力的质疑同时显示出NT型人的第三个滤镜：别人是否可以信赖。在这个案例中，小贾认为在今后的职业生涯中，领导不再值得信赖。

探索NT型人的滤镜

- 别人运用权力是否正当。
- 将自己的想法、感觉归因到他人身上。
- 他人是否值得信任。

方略7：精确详细，振奋人心

老程刚刚被一家非营利机构聘任为董事局主席，分析SJ型人。在了解了该机构目前的混乱状态后，老程完全惊呆了，他开始关注如何获得整个董事会的支持。在第一次董事会会议上,新任董事小穆总是指责老程。小穆属于NT型人,每当老程说了点什么,她总是问"为什么",比如,"为什么不实施这种政策""为什么我们不能试一试""为什么这种方法可行呢"。老程非常生气,他不明白小穆为什么对他和这个机构那么吹毛求疵。

而小穆决定在最近的一次会议后退出董事会,因为自己每次想要获取更多信息的努力以及所提的建议,换来的都是董事会主席老程的敌视和不满。小穆觉得其他董事会成员都特别欣赏自己的工作能力和创造力,只有老程反对。

老程作为分析SJ型人,感到十分苦恼,觉得自己被置于一个无法控制局面的工作环境中,所以每当小穆提出问题,经过他的失真过滤,就会变成批评。

作为NT型人的小穆,刚刚进入一个新的工作环境中,她觉得老程误解并完全拒绝了自己。这些都是NT型人通常具备的过滤器在起作用:总觉得被误解和被拒绝。小穆不能理解老程的真实想法,也看不到他为整个机构所作的具有创造性的发展规划。

1. 如何看待老程的谈话方式

老程和小穆之间的矛盾是日积月累的结果,其中双方的"沟通方式"起到了推波助澜的作用,我们主要分析老程的沟通方式。

如果给SJ型人的谈话方式下定义,最合适的词就是"细心",因为他会努力选择最恰当的词来表达自己的意思。比如"好的""应该""应当"总是直接或间接地交替出现在老程的话语中。SJ型人思维反应迅速,一旦觉得自己被他人责备就开始反击。下面这段对话可以帮助我们了解SJ型人的谈话方式。

老程和小穆准备参加一个专业会议。老程对小穆说的第一件事就是:"你没有穿正装?"

小穆因为这种主动的评论有些吃惊,立刻回应道:"什么?你为什么对我说这些?"

老程的反应非常迅速并且真诚:"你的穿着对这次会议来讲太休闲了,你应该穿正装。我只不过想帮你。"

老程在和小穆的谈话中没有出现"正确的"或者"必须"的字眼，但是这种意思却清楚地通过"你没有如何如何"以及"你应该如何如何"表达出来。老程的快速反应和防御性解释都是 SJ 型人谈话方式的主要特征。

分析 SJ 型人的谈话方式

· 精确，直接，振奋人心，清晰，详细。

· 和别人分享关于工作任务的想法。

· 经常挂在嘴边的词包括：应该，应当，必须，正确的，杰出的，好的，错误的，正当的等。

· 思维反应快速。

· 在被批评时开始自我防御。

2. 老程的身体语言

在和小穆的对话中，老程的身体语言变得越来越紧张。从老程的内心来说，他真的只是想帮助自己的同事，而不是批评和故意刁难。

随着讨论的继续，老程的下巴开始紧绷，眼神变得激烈，腰板挺得笔直并开始向后移动。老程经过认真的修饰，服装和配饰考究，着装和出席场合非常相配，他之所以对自己的外表这么重视，是想和自己的同事分享他的观点，因为 SJ 型人对自己非常严格，也希望同事能和自己一样认真对待每一件事，尽管小穆对此根本不感兴趣。

老程的身体语言使小穆感到紧张和不安，她认为这是老程吹毛求疵，故意刁难自己，再和双方工作中的冲突相结合，老程与小穆的矛盾只会越来越深。

当有人告诉 SJ 型人觉得他们在责备别人时，SJ 型人感到很受伤害并且十分生气，因为他们已经竭尽全力控制自己的情绪了。

分析 SJ 型人的身体语言

· 腰板挺直。

· 肌肉紧绷。

· 目光直视。

· 身体语言可能泄露出自己否定的态度。

- 衣着讲究，经过仔细整理和熨烫。

3. 沟通盲区

上面的对话暴露出老程的一个盲区，老程没有意识到自己实际上批评了小穆的穿衣选择，而且在小穆表达了不满后仍然坚持自己的意见。SJ 型人即使努力控制自己的情绪，仍然会显得有些挑剔和不耐烦。这些都会引发小穆的不满，加深彼此的矛盾。

分析 SJ 型人的盲区

- 开起来有些挑剔，不耐烦，或者生气。
- 固执地坚持自己的观点。

4. 失真的滤镜

SJ 型人总是努力做正确的事情，当他们对别人提出批评建议时，非常喜欢专注于观察和过滤对方的反应。因此老程对小穆愤慨和质疑的表现非常生气。另外，SJ 型人对自己的看法非常有自信，往往不能正确判断对方所说内容的真实含义。老程认为小穆的穿着实在不合适，甚至对她不花时间挑选合适的服装感到气恼，再联想到彼此工作中的种种不快，老程会将小穆归到"不负责任，不遵守规则"一类人中，因此根本没有听出小穆话语中表现出的受伤感和怒气。

老程与小穆关于穿着的对话可以反映出完美 SJ 型人沟通方式的特点，正是由于双方都误解了彼此沟通方式的这些特征，才点燃了他们心中的怒火，误解不断、互相敌视。

分析 SJ 型人的滤镜

- 被他人批评。
- 专心于自己的想法。
- 关注他人的表现是否正确和可靠。

方略 8：独立观察，捕捉关键信息

小徐是一家大型物流集团的中层管理人员，协作 SJ 型人，最近参加了一项关于"MBTI"和交流方式的商业课程。课程中介绍了协作 SJ 型人的谈话方式：要么短小精悍，只有很少的词或短句；要么长篇大论，像作论文一样。

当培训师问小徐原因时，他先是沉默了一会儿，然后谨慎地答道："原因很简单"，他说，"这取决于协作 SJ 型人对这个话题究竟有多少了解"。

1. 如何看待小徐的谈话方式

在上面的例子中，小徐的回答简练、小心，认真选择了用词。他给出了一个概括、客观的回答，没有使用个人的措辞，比如"当我对谈话主题了解时就会说很多"等。在大庭广众之下，SJ 型人通常会讨论思想，很少谈及自己的感受。小徐在上面的回答中也没有提到自己的感受，比如"如果不知道答案，我会感到很着急"或者"如果我对相关信息所知甚少，就会觉得很难堪、很不安"。

协作 SJ 型人的谈话方式

- 谈话要么简明扼要，要么长篇大论。
- 精心选择用词。
- 很少分享个人信息。
- 分享思想而不是感受。

2. 小徐的身体语言

当小徐与大家分享自己的见解时，他的身体语言就像绝大多数 SJ 型人一样，面部没有太多表情、身体挺直，看起来就像一个客观的记者在进行报道或者置身于事外进行观察后的评论。通常 SJ 型人看起来就像一直生活在头脑里，畅游在想法中。由于这个原因，SJ 型人通常被称为"只讨论想法的人"。如果我们近距离观察 SJ 型人会发现，他们似乎只讨论自己头脑中一部分的想法，或者有时候谈话 SJ 型人好像还在从背后偷偷进行观察。

协作 SJ 型人的身体语言

- 表达想法时很少涉及感情内容。
- 显得独立、自制、克制，没有太多身体语言。

3. 沟通盲区

SJ 型人的第一个盲区就是过度强调自己头脑中的想法，从而在人际交往中显得不热情，对话往往无法继续进行。SJ 型人也会感到很温暖或者富有同情心，但他们尽量不表现出这些情绪。SJ 型人还具有一种能力，就是可以暂时逃离自己的情绪，然后在准备好或者感觉比较舒服的情况下再重新考虑事情。这种思想和感觉的分离往往使 SJ 型人给人留下冷淡、疏远的印象。

小徐在解释了为什么 SJ 型人有时长篇大论，可能会失去听众；有时少言寡言，可能无法被人理解之后，听众笑了起来，表示感激他的说明。这时小徐的回应是无声的：一个苦笑，表现得好像听众的反应让他很愉快。但是让小徐惊讶的是，对方觉得他表现得太过杰出或者高傲。听众中有人觉得小徐的笑充满嘲弄，好像在说"你们连这个都不知道"；事实上，小徐的感觉是很高兴能向大家介绍 SJ 型人的内心想法。

协作 SJ 型人的盲区

- 不会表现出热情。
- 显得冷淡、疏远。
- 有时说得太多，可能会失去听众。
- 有时又会讲得太少，可能无法被别人理解。
- 有时显得很谦逊，有时显得很张杨。

4. 失真的滤镜

小徐所在课程的导师非常清楚 SJ 型人所具备的失真滤镜，因此她在提问时非常小心，以防触发 SJ 型人的失真过程。一旦觉得别人对自己有所期望或者自己感觉不合适，SJ 型人就会隔离自己，保持沉默。因此，培训师这样概括并且感情中立地提问："有没有哪个 SJ 型人愿意解释一下为什么他们谈话时会采取两种完全不同的方式？"这样的措辞不会给任何课程参与者造成必须回答的压力。

另外，培训师在提问时始终站在原地，没有移动，这样就不会"侵入"听众中任何一个 SJ 型人的个人空间。如果有人在物理空间上距离 SJ 型人太近，他们失真的滤镜就可能发生作用，从而歪曲对方的意思。

协作 SJ 型人的滤镜

- 要求和期望。
- 感觉不适当。
- 他人带来的情绪压力。
- 信任他人以保留隐私。
- 觉得身体接触太过亲密。

二、改善自己的沟通能力

　　沟通指的是彼此之间相互传递信息、思想和感受。良好的沟通是双方尊重和信任得以建立的基础。人们有各种各样的理由来与人进行沟通，比如为了使他人了解并理解自己，或者希望对他人的态度以及行为施加一定的影响。在现实生活中，沟通虽然经常被人们提及，但是又常常遭到人们的忽视，没有给予它应有的重要位置，甚至还感觉这是理所当然的事。

　　正因为沟通是一个"双通道"，所以它不只是简单地把事情告诉对方就可以了，作为回应，如果你还希望完全无误地理解对方试图向你表达的意思，这还涉及如何倾听以及和对方如何进行肢体交流的问题。当然，双方在交流时各自使用的沟通技能、说话方式、要表达的意思是完全不同的，总会存在一些差异，尤其是在职业关系中，随意作出一些假设，认为双方在很多方面都是相同的，很容易导致误解的出现。因此，我们在与他人进行交流时，应该首先审视自己在头脑中形成的各种假设，它们都是对彼此不同观点与意思的一些先入为主的看法，并探究其是否与实际相符合。并且，在此过程中，充分考虑彼此在某些方面存在的差异，比如双方的性格、气质、需求、情商、专业、学历、职业、社会背景以及交往范围等的不同，这些不同可能导致在沟通中出现以下几方面差异：

- 声音的语调和表述模式：例如，信息表述的方式，意义的澄清以及情感的表达。
- 交流过程中的"插话"模式：例如，中断一段自然流畅的对话，可能引起对方的愤怒。
- 表达同意和反对的方式：例如，当对方说"是的"，其意思可能是"我已经听到你说话的内容"，而不是指"我同意你"。
- 表示礼貌的方式以及对传统的遵守。
- 构建观点和组织信息的方式。
- 情绪情感如何表达：例如，在一个特殊的交流背景下，情绪情感的表达被认为是恰当的，但是在另一个背景中却显得极不恰当。

每个 MBTI 人格类型人的交流方式都是自然形成的，这已经成为我们各自职业生活的一部分，但是通过努力，这些天生不同的交流方式仍然可以完善与提高。下面罗列了一些实用技巧，帮助我们去除失真滤镜的影响，改善和管理自己的沟通能力，从而正确地理解他人，同时也被他人理解。

1. 一次改善一个行为

一次只需改善一个行为，这是最有效的方式。一次想改善一切的想法不太可能实现；另外，每个特定行为的改善都会导致其他方面的改善。笔者建议大家根据自己的行为特点，按照下面的顺序改善自己的交流方式：

- 谈话方式。
- 身体语言。
- 沟通盲区。
- 失真的滤镜。

最简单的方法是首先改善自己已经意识到的行为。上述四个方面就是按照我们的意识程度排列的，从最明显的到最无意识的。

2. 增强自己的意识

进一步了解自己在发送和接收信息时是如何使相关内容失真的。

步骤 1：连续一个星期每天花 15~25 分钟总结一下当天与他人进行的所有交流。在自我复盘的同时，问自己一个问题：我的性格类型对我和他人的交流究竟有什么影响？并简单写下自己的答案以防忘记。

步骤 2：接着上一步的下一个星期，阅读自己记录的内容，尽量找到自己交流方式的特征。

步骤 3：再一个星期，只是观察自己是否像步骤 2 中发现的那样进行交流。

步骤 4：在步骤 3 的那个星期的最后，选择一个决定改善的行为。然后再花一个星期，观察自己究竟在什么时候又开始实施这种行为。如果可能，就在行为过程中把它记录下来。

步骤 5：根据自己的性格特点，开始改善这个行为。花一个星期，只改善一个行为。我们可以在准备实施该行为之前改善自己，或者在实施过程中停止该行为，两种方法都有效果。

步骤6：重新回到步骤4，选择一个新的决定改善的行为，重复需要的步骤，记住一次只改善一个行为。

3. 沟通的一些技巧

如下一些技巧能改善与提高我们的沟通能力：

- 获得反馈。征求别人，包括家人和朋友，对自己交流方式的反馈意见。选择那些了解你的人或者你尊重的人。

- 录音或者录像。将自己与别人的电话交流进行录音，反复地听几次，然后放给别人听，征求他们听后的印象。在开会时或者演讲时进行录像，反复播放几次，观察自己人格类型所具有的行为方式。

- 积极地聆听。积极地聆听可以降低接收时失真滤镜的作用，将自己对别人讲话的内容以及感情的理解讲给对方听，从而确认自己聆听技巧的正确率。

- 找一位导师。找一位了解你并且了解DISC理论的指导者，征求他的意见。

第七章 如何卓有成效地反馈

"反馈"是沟通的重要组成部分,涉及一个人对另一个人行为的直接、客观、简单、礼貌的看法。缺乏反馈能力、缺乏对结果预测的能力和缺乏反馈技巧被视为有效实现工作目标的三大障碍。遗憾的是,绝大多数公司和员工不愿意进行反馈。很多员工要么没有认识到反馈的重要性,要么对自己提供反馈的能力没有信心。有些人是由于自己的原因,比如害怕反馈会伤害对方的感情或者使形势更加恶化。

一、为何反馈会困难重重

小刘和老王的故事

小刘和老王是公司市场部的同事,小刘准备以客观的、基于事实的态度向老王提出反馈意见,他打算在谈话的时候直接切入主题。小刘想:半个小时足够说清楚我的观点了,再举一个具体例子,给他思考的时间,最后我和老王可以再约时间讨论一下彼此的意见。

小刘考虑好这些后,决定这样对老王说:"老王,我的意思不是说你的工作做得不好或者你不具备做这项工作的能力,我只是认为你应该花更多的精力在客户关系上,哪怕因此减少做准备工作的时间。如果你需要,我可以提供帮助。有两个客户抱怨说你的见面总是草草结束,太过匆忙。不如你想一下这个问题,我们这个星期再找个时间仔细地讨论一下,好吗?"结果,小刘和老王之间的谈话完全失败了。

在这个情境案例中,小刘属于护卫者(协作 SJ 型人),他向老王提出意见的方式和自己喜欢的接受反馈的方式一样:简要、合乎逻辑、理性,当时并不给对方留出足够的时间进行辩解。在小刘看来，事后让老王独自反省和认真考虑可以让他有时间准备自己在这方面的意见。老王恰恰也属于护卫者（分析SJ型人），他在听到小刘的评价后非常生气。尽管小刘的本意是好的，但他提供反馈的方式却使情况变得更糟糕。

SJ型人喜欢精准的反馈意见，然而小刘并没有给出任何明确的信息，相反，只是自己的一些印象和观点。另外，小刘列举的那个具体的例子，老王也并不赞同。

SJ型人讨厌那些包含对/错判断的反馈意见。小刘所说的一些话暗示了老王做了一些错事，比如"抱怨说你的见面总是草草结束""你应该花更多的精力在客户关系上"。在老王看来，"抱怨"隐含着"错误"的意识，"应该"则暗示着自己做了一些不正确的事。

SJ型人通常喜欢那些以真诚的赞扬开头的反馈意见。小刘认为自己一开始就表明"我的意思不是说……也不是说你没能力……"也是一种表扬，只不过这种拐弯抹角的赞扬是把积极的内容以否认的方式表达出来。老王同样也怀疑小刘表达"我只是认为你应该……"时的诚意，在老王看来，这就像是一个否认说明。很多引导词的使用，比如"只是""但是"，其中隐藏的含义就是否定前面所说的内容。

SJ型人希望反馈意见是客观的，但同时也应当是友好的。他们通过对方的身体语言、说话语气来体验这些感受。小刘可能真的很关心老王，但是小刘理性、简要的说话方式却没有流露出任何担心的情绪，反而体现了指责的情绪。而受关注正是老王所需要的，因此小刘的反馈最终没起到作用。

人们在进行交流时都希望拥有一定程度的影响力，护卫者（分析SJ型人）尤其如此，他们总想控制整个局面。小刘决定这次会面尽量简短，然后本周再约个时间与老王碰头，这是因为作为护卫者（协作SJ型人），在回应对方意见之前需要时间调整一下自己的感觉。然而老王却很愤怒，他认为把谈话分两次进行只是小刘单方面的决定，自己不但无法表达当时的感受，反而有被操控的感觉。

上述案例反映了一个现实问题，提供反馈和接受反馈不仅重要，也非常困难，主要是由以下三个原因造成的。第一，在发表意见时，我们不了解自己和对方的性格类型，究竟会发挥怎样的干扰作用；第二，我们可能缺乏提供反馈和接受反馈的相关技巧；第三，我们可能不知道如何根据 MBTI 人格类型来调整反馈方式，包括说什么和如何说。

由于反面的意见远比正面的信息更难说出口，在所举的案例中，我们会集中描述如何传达否定的反馈信息，也称为"建设性的"或者"纠正性的"反馈信息。需要注意的是，不管是传达积极性的还是消极的反馈信息，这些原则都可以适应。

本章包含一些具体的事例，主要讲述每种 MBTI 人格类型在向他人传递反馈意见时可能犯的错误，而不管信息接收者究竟属于哪种类型。每种类型的人都有一些特定的行为可能影响反馈意见的传达，因此，每个例子后面都列出了一些本类型需要注意的地方。我们可能已经知道了自己在 MBTI 人格类型中的位置，但未必知道对方属于哪种类型，因此最好的方法还是从自己做起。意识到自己提供反馈意见的局限性后，我们就可以努力降低这些特定行为的负面影响，从而可以更有效地提供反馈。

每种 MBTI 人格类型中都有一些善于提供反馈意见的人，遗憾的是，绝大多数人都处在上述案例中小刘的位置，在提供反馈时总会犯一些错误，而这些错误是与我们性格类型所表现出的行为趋向联系在一起的。

尽管我们的出发点都是一样的，但是每种类型的人都有其中意和擅长的反馈能力，通常就是自己喜欢的接受信息的方式。然而出乎意料的是，善良的本意并不代表我们就能有效地提供反馈信息。是什么阻碍了我们特有的反馈能力的发挥呢？本章将给出一些答案和思考。

有趣的是，向和自己相同性格类型的人提供反馈信息是最困难的。我们可能讨厌那些与我们行为类似的人，因为他们总是提醒我们想起了自己。因此，这种情况下的反馈有一些负面因素，对方凭直觉就能感受到，然后就会愤而反击。

方略 1：掌握时机，在必要时给予反馈

老周和小朱是一家 IT 公司客户关系部的同事，假设老周是一位典型的温和 SP 型人。这段时间，小朱在处理客户关系中屡屡失误，公司接到了两家客户对小朱的投诉，"朱经理在与我们见面时总是草草结束，太过匆忙"。老周希望指出小朱工作中的问题，并帮助他改正。在和小朱的对话中，老周一开始可能会极力渲染事情进行得有多么顺利，然后才会说："有一个小事情，但我相信你可以很轻松地处理。"

1. 温和 SP 型人如何传递反馈

SP 型人往往在必要的时候才会给予反馈，但他们不喜欢讨论负面的事情，尤其是那些让自己或对方感到痛苦、不舒服和敏感的问题。SP 型人在工作中会尽量避免感受以及思考一些消极的事情，他们觉得别人也该这样。因此，有些 SP 型人往往采取乐观和温和的方式传递一些负面信息。

SP 型人往往善于把问题放在一个不同的、积极的、更大的背景中重新考虑。

在老周与小朱的沟通中，老周首先把客户的问题归结于小朱的技能不足，他会告诉小朱："这些客户刚刚进入这个行业不久，他们可能无法理解会议中探讨的问题。"或者，老周认为是由于客户自己公司的不确定性才导致问题的发生，老周可能会说："两个客户的公司目前正在研究各自的并购方案，没有时间仔细思考你的问题，这是客户的原因，与你们之间的见面没有关系。"

老周的这种反馈方式也许是善意的，希望将小朱的问题放在一个客观的环境中进行评价。这种重新思考问题的方式也许是正确有用的，但也会掩盖真正的原因，让小朱产生错觉，认为一切都是客户的责任，自己根本没有必要做任何改变。老周希望通过反馈指出小朱在处理客户关系方面需要提高的用意彻底失败。

SP 型人在给予反馈时的另一个问题在于跳跃式的思维。一个想法接着一个想法，SP 型人可能会在例子和解决方案之间来回跳转，一会又突然穿插对客户意见的分析，最后又列举了很多例子。SP 型人可以跟得上自己高速运转的多项思维，而对方做不到。

小朱听了老周的意见，开始反思自己的问题，但老周突然话锋一转，和小朱又聊起了公司在研发方面的问题，一会又谈到了人力资源部在绩效考核方面应该做哪些改进。当老周说得不亦乐乎的时候，小朱听着却是云山雾罩、不知所云，连刚刚开始思考的问题也给忘了。

尽管SP型人具备敏捷的多向思维，但是反馈的接收者却只能在完全解决一个问题后才考虑另一个问题。SP型人要特别注意这点。

2. 反馈建议
- 保持自己的乐观，但是注意不要掩盖接收者需要听取的意见。
- 注意不要过分相信自己的背景推测，以免延误真正问题的解决。
- 要集中介绍相关信息，以免接收者偏离轨道。

方略2：诚实直率，吸引对方的注意力

如果老周是一位主导SP型人，事先没有考虑措辞，可能会对小朱说："这些都是我们最重要的客户，他们感到很不满意。你应该关心他们的感受，快点打电话。"老周所说的内容也许都是真的，但是如果再斟酌一下措辞，效果肯定会更好。老周在提出建议之前，最好仔细聆听和考虑一下小朱的看法。

1. 主导SP型人如何传递反馈

尽管绝大多数SP型人通常并不畏惧说出自己的想法，但他们有时也不喜欢传递拟定好的反馈信息。事实上，很多SP型人会长时间地苦于以何种方式讲述一些重要事情，他们也会反复考虑以确认自己的话能够吸引对方的注意力。

在传达一些负面的评价之前，SP型人也会进行预先准备，因为他们深知自己的诚实、直率、快速反应会使对方觉得受到了威胁。

如果采取上述方式，一些在对话中没有流露出的情绪可能通过相互之间的紧张对峙表现出来。SP型人在挑战性环境中往往如此，他们显得非常紧张，会下意识地进一步靠近谈话对象。这种身体距离的过分贴近会使接收负面信息的一方感受到威胁。即使SP型人努力控制自己不要靠得太近或者尽量保持低调，

他人仍然能够感受到他们那权威式的能量和驱使力。

在努力保持正直、诚实的时候，SP型人会忘记向沟通的对方积极地表示尊重，即使他们真的很尊敬对方。在有些情况下，SP型人可能并不尊敬对方，他们崇尚强者、瞧不起软弱的人，认为尊敬是要靠自己赢得的，而不是别人给予的。在传达反馈意见时，SP型人应该表现出一定程度的尊敬，即使不喜欢对方也要如此，这是反馈成败的关键。比如，SP型人可以通过温和的眼神接触、微笑或者一些支持性的评价表示尊重。

老周可以用这样的方式向小朱传达自己的意见："我们知道你可以解决这个问题，因为你一向很有能力！我们信任你。"

尽管有事发生时，SP型人总是喜欢正面解决问题，但要记住反馈的接收者可能更喜欢按照自己的时间规划和方式处理问题。

2. 反馈建议

· 保持自己关注中心点的能力，但要采取容易被接收的方式。
· 事先考虑一下如何措辞，如何组织语言。
· 可以拥有自己的观点，但要学会倾听，最好先听取一下对方的意见。
· 继续保持自己对整个工作的控制能力，但不要表现得过于紧张，否则会让对方不堪重负。
· 微笑、开一些轻松的玩笑以及耐心地等待对方的反应，对交流效果都有帮助。
· 保持自己的真实，但也可以表现得更积极一些。

方略3：根据对方的反应调整反馈节奏

小杨是一家通信设备集团W事业部的产品经理，这段时间，小杨负责的产品线屡次出现质量问题，收到了三家大客户的投诉。客户抱怨："杨经理在与我们见面时总是草草结束，太过匆忙，而且没有认真听取我们对产品的反馈意见和建议。"公司质量管理部指派质量经理小郑与小杨沟通，指出小杨工作中的失误，并帮助他改进。小郑是一位劝说NF型人。在和小杨的交流中，小郑的反馈方式和表达不会过于苛刻，但却过分积极，使得这次谈话在失败中结束。

1. 劝说 NF 型人如何传递反馈

贡献 NF 型人除了不被领情或者觉得有义务保护某人的情况之外，总是不愿意伤害反馈信息接收者的感情。在这种情况下，NF 型人可能会从以下三个选择中挑选一个：

选择一：对负面的反馈评价进行加工和处理，让对方听起来没有那么要紧张："客户是这么说了，但他们并没有特别气恼。"

选择二：把反馈意见搪塞过去，这样就可以不露声色地宽恕对方的行为："客户是这么说了，但我知道你有多忙，而且你和客户的关系一直非常好。"

选择三：避免传递任何负面信息："我和三个客户谈过了，你和他们保持联系了吗？听取他们对产品改进的建议了吗？你和他们的关系如何？"

NF 型人会根据对方的反应调整自己的反馈方式，因此在上述案例中，小郑可能会密切观察小杨的非语言行为，然后凭借自己特有的直觉优势获知对方的反应。NF 型人通常会不知不觉地观察对方的行为、面部表情、说话语气以及其他身体语言，再根据不同情况调整自己的反馈方式。如果小杨听到反馈意见后开始动怒，小郑就会感同身受，采取换位思考的方式，好像小杨在跟自己生气一样。这时，小郑可能还会开始自责，觉得自己的交流方式非常不合适。

如果 NF 型人对反馈意见的接收者存有一些不便说明的看法，有时也会发表自己的判断。这时，NF 型人不仅开始挑剔，还会推断出一些或正确或错误的结论。

小郑从小杨的行为中可以得出以下结论：对方不关心产品质量，对客户意见不够重视，对公司声誉置之不理。在这种情况下，小郑可能会说："公司认为你根本不关心产品质量，你的客户认为你忽视了他们的意见，我觉得你应该认真考虑一下。"

有些时候，我们会对谈话另一方的表现予以假设，而 NF 型人尤其如此，这是因为他们自认为非常善于观察对方的内心。但不管 NF 型人的感觉如何敏锐，他们在传达反馈意见时还是倾向于就事论事，而不愿意披露自己的观点和见解。

2. 反馈建议

NF 型人要记住：尽管你们非常愿意和别人一起分享自己的见解，但要注意反馈意见的接收者也许并不需要你的帮助，他们都有自己的想法。

· 保留自己对别人的正面认识，但也要在适当的时候发表自己的反面意见。

· 需要注意别人的感受，但不能因为害怕伤害对方就把事情讲得模糊不清。

· 需要关注对方的反应，但不要跟着对方的情绪走，一会儿高兴，一会儿失落，要保持情绪的稳定，才能接收到对方的真实反应。

· 要保持自己敏锐的感觉，但需要注意的是，自己的见解并不总是正确的，尤其在自己生气的时候。

方略 4：直接犀利，直击要害

如果小郑是一位实干 NF 型人，他可能会对小杨说："三家客户打来电话，和你的会面他们感觉很不高兴，你需要尽快给他们回电话。你会这样做吧？"

1. 实干 NF 型人如何传递反馈

实干 NF 型人根本不愿意给予反馈意见。他们认为如果反馈意见中总是包含负面的评价信息，很可能引起对方的不愉快，影响目标和工作的完成。而 NF 型人基本上不知道如何处理别人的悲伤、愤怒或者恐惧的情绪。如果别人这些不愉快的感受直接对准自己，NF 型人会越发地反感反馈。NF 型人的精力都集中在工作上，他们会避免引起对方的悲伤情绪，因此在传达反馈意见时往往直入主题，根本不愿意讨论对方的感受。

NF 型人传递反馈意见的方式非常直接，在接收者看来可能会觉得生硬、冷酷、无情，其实在这些表象下，NF 型人是充满感情的。只是他们过度关注目标和任务，没有时间，也没有意识释放这些情感。NF 型人通常具有讲求效率的工作方式，这有助于他们在商业领域取得成功，但却会妨碍他们有效和策略性的传递负面反馈信息的能力。如果 NF 型人能够站在别人的立场考虑问题，从工作中跳出来，多关注人，他们善于沟通、以人为本的潜能就能被激活，反馈风格也会变得缓和，而自己的意见同样可以被对方理解。这是一种双赢的反馈方式。

有些时候，和护卫者（SJ 型人）一样，在传递负面反馈意见时，NF 型人经常犯的错误在于准备过多，比如，列举过多的例子来支持自己的观点。NF 型人的身体语言不会像谨慎者那样表现得过于挑剔，但可能会流露出自己的坚持、固执或者不耐烦。NF 型人在谈话时会不停地添加例子直到对方同意自己的观点，而对方可能被这种口若悬河、连珠炮式的行为搞得毫无招架之力，觉得自己一无是处。因此，NF 型人应该记住，少量的精心选择的例子完全可以使自己的观点更令人信服。如果 NF 型人在传达反馈意见时没有得到对方的肯定反应，他们的言行就会表现出谈话到此为止的意思，这往往会使对方觉得自己不被尊重。

2. 反馈建议

NF 型人要记住：别人也许不像你们那样干劲十足，也许并不认为工作是生活的全部，但这并不意味着别人不积极、不努力，不愿意完善自我、追求成功。

- 要集中注意力，但也要考虑别人的感受。
- 有条理、诚实、实干是成功的保障，但记住要温柔一些。
- 关注反馈结果，不要把精力花费在列举大量的例子上，因为那样会偏离方向。
- 要三思而后行，耐心一些。

方略 5：创建友好和谐的反馈氛围

小贺是一家 ERP 软件集团解决方案中心的项目经理，这段时间，小贺负责的两个已经交付的项目屡次出现问题，收到了两家客户的投诉。客户反映："贺经理在与我们见面时总是草草结束，太过匆忙，而且没有认真听取我们对项目的反馈意见和建议。"公司项目管理中心指派项目管理专员小翟与小贺沟通，指出小贺工作中的失误，并帮助他改进。小翟是一位战略 NT 型人。在和小贺的交流中，小翟的反馈方式和表达过于和谐，拖延缓慢，不够清晰，使得这次谈话在失败中结束。

1. 战略 NT 型人如何传递反馈

战略 NT 型人总是一再拖延向别人传递反馈信息，如果情况非要如此，他们就觉得像是受到了强迫。NT 型人通常会努力在双方之间创建一个友好、和谐的氛围，为此小翟根本不会向小贺提任何一句客户对他的负面评价。在见面之前，小翟已经打算告诉小贺客户都说了些什么，但是不知为什么，随着谈话的进行，小翟一直都没有找到合适的机会传递这些负面评价。另外，小翟也有可能完全忘了要向小贺提起那些客户评价。

在传递了负面信息之后，NT 型人最通常的反应就是罗列很多观点。小翟可能会对小贺说："那两个客户是这样说了，但是我想其他客户肯定不会有同样的感觉。公司知道你非常忙，而且在那种情况下其他员工的表现也不过如此。"所有这些观点可能都是正确有用的，但是却可能让小贺偏离真正的议题："看来这只是个别客户的苛刻行为，其他客户对我的表现还是满意的。"

当 NT 型人觉得必须说些什么，尤其是对谈话的内容深表同意又觉得不安时，他们往往喜欢长篇大论，这些都是思考太长时间后的副产品。NT 型人可能还会在反馈时添加一些他们认为有关联的内容，比如，"你最近上班不太准时，另外你的财务报告也该准备了，你好像有点不开心"。这次谈话的主题是"小贺与客户谈论工作细节时表现得过于仓促"，但在 NT 型人看来，这些内容和谈话主题存在一定的联系，而小贺却可能搞不清究竟哪个事情才是最重要的，或者究竟应该继续哪个话题。

2. 反馈建议

战略 NT 型人要记住：和谐友好的气氛固然重要，但是反馈的接收者可能更想直接地解决问题。

· 保持自己和谐、友善的一面，但是传递的信息要尽量清晰。

· 可以从多个方面考虑问题，但要注意把精力集中在中心问题上。

- 给予反馈时注意一次只针对一个问题，其他相关的问题可以留到下次讨论。

方略 6：精心思考，提前准备

如果小翟是一位探索 NT 型人，也许他已经计划好了如何向小贺传达反馈意见，但是他质疑的天性使得自己随着见面的临近而变得焦虑。小翟开始担心一切是否会顺利进行，因为不知选择何种方式而痛苦不安，或者开始担忧自己的信息传递能力。

1. 探索 NT 型人如何传递反馈

探索 NT 型人带有明显的焦虑情绪和对方会面，这种情绪甚至会传染给信息接收者。小翟的这种不安会传染给小贺，小贺因为感受到对方的不安也会越发紧张。

NT 型人为了缓和自己的焦虑，往往会精心思考，提前准备，副产品就是列举一些过分详细的例子。然而面对这种情形，对方要么感到困惑，不太同意这些例子的细节，要么无法明白反馈意见的本质所在。

另外，由于 NT 型人喜欢把困难考虑在前面，因此小翟会向小贺强调不去改善客户关系可能带来的恶果。

小翟会说："如果关系不能修复，这些客户再也不会使用我们的产品和服务，还可能向竞争对手发表一些负面的评论。"小贺可能因此感到紧张，但也可能会讲出一堆理由反驳，以证明那些负面的结果都不可能发生。

NT 型人也会采取完全相反的反馈方式。意识到自己过于关注负面结果，NT 型人有时会矫枉过正，甚至删除一些负面信息。这样一来，对方可能无法理解整个事情，更谈不上采取什么行动。

NT 型人在给予反馈时，见解往往非常深刻。然而，有些逼真的想象也会欺骗我们，那些见解可能是 NT 型人的焦虑、需要、恐惧、欲望等心理在外部的表现。NT 型人有时很难分清对别人的评价和自己内心感受之间的区别。

假设小翟对小贺说:"你和客户会面的时间那么短,这是因为你根本不关心他们",或者说:"我觉得你根本不喜欢自己的工作,这也是客户抱怨的原因所在。"上述评价有可能是正确的,但也有可能只是小翟在不知不觉中把自己的感受表达了出来;或者小翟也不喜欢这个客户,或者她正在考虑要换个工作。

在传达反馈意见的时候,最安全的方式就是只针对真实状况就事论事,避免添加自己的个人解释,等解决关键问题后,再和对方继续或解释相关信息。

2. 反馈建议

探索 NT 型人要记住:在传达了反馈意见后,对方自然会采取措施以取得积极的效果,不要认为只有自己才能解决相关问题。

- 事先的计划是必要的,但在讨论之前自己应该保持平静。
- 细节很重要,但也要关注大局。
- 事先预测结果是有帮助的,但要注意适度,不能只设想到消极的可能性,积极的可能性也是存在的。
- 相信自己的见解,但是不要认为自己所有的想法都正确,最好把它们只当作一种假设,要从对方那里去寻找和发现真正的答案。

方略 7:烦琐详细,注重完美

小蔡是一家会计师事务所 IPO 事业部的合伙人兼部门经理,这段时间,小蔡负责的几个 IPO 项目进展得很不顺利,甚至连续几天收到了客户的投诉。客户抱怨:"蔡经理在与我们见面时总是草草结束,太过匆忙,显得很不耐烦,根本没有认真听取我们的反馈意见和建议。"事务所客户管理委员会指派客户关系总监小谭与小蔡沟通,指出小蔡工作中的失误,并帮助她改进。小谭是一位分析 SJ 型人。在和小蔡的交流中,小谭的反馈方式和表达过于细致,最终使这次谈话在失败中结束。

1. 分析 SJ 型人如何传递反馈

SJ 型人作为传递反馈信息的一方,他们所犯的错误不是谈话中提供的信息太少，而是过于烦琐和详细，列举了太多证据作为谈话的支撑。

小谭一开始就列举众多来自不同客户的意见，就像一个清单，满满的都是确认相关事实的证据。小蔡听到的可能是"这个客户说……""那个客户说……""还有一个客户说……"或者"所有的反馈意见显示出一个特点，那就是……"这是因为SJ型人总是精心准备，然后一股脑地传递太多信息，这往往使对方不胜负荷。

SJ型人倾向于指示或者建议别人该做些什么以及不该做些什么。他们的谈话特点是把具体的解决方案和一些特定的词，比如"应该""应当"联结在一起，使对方觉得这不过是另一种形式的批评。

小谭会告诉小蔡："你真的应该告诉客户这些信息，然后你应当……"此时的小蔡已经被客户的负面评价团团包围，这种建议在她听来只不过是更多的指责罢了。

SJ型人喜欢真诚的交流方式，希望自己传达的信息准确无误，这对达成有效的反馈非常有帮助。然而，如果SJ型人讨厌对方或者对要讨论的事情存有负面情绪，那么不管他们怎样努力掩饰，他们这种谴责的、不以为然的态度仍然会表现出来。在上面的例子中，小蔡看到的可能就是眉头紧锁、来回摇头以及面部表情严厉的小谭。即使SJ型人用词准确，但也是语气强烈，因此不管他们如何注意自己的口头用词，对方反应更多的只会是一些非语言因素。

2. 反馈建议

SJ型人要记住：尽管你竭尽全力使自己的行为表现得完美，但并不是每个反馈意见的接收者都希望在你的帮助下也变得完美。

- 发挥自己凡事力求详细精确的一面，但需要避免过于关注细节或者对一些小事情吹毛求疵。
- 保持帮助别人改善工作方式和工作态度的能力，但要尽力避免使用一些明确的或者暗示性评判词句。

- 保持诚实、坦率的性格，但在传递反馈意见之前，首先要化解自己心中残存的愤怒和不满，这样自己的情绪才不会通过身体语言显露出来。

方略 8：简洁明确，用事实说话

如果小谭是一位协作 SJ 型人，准备以客观的、基于事实的态度对小蔡提出反馈意见，他打算在谈话的时候直接切入主题。小谭想：半个小时足够说清楚我的观点了，再举一个具体例子，给他思考的时间，最后我和小蔡可以再约一个时间讨论一下彼此的意见。

小谭考虑好这些后，决定这样对小蔡说："小蔡，我的意思不是说你的工作做得不好或者你不具备做这项工作的能力，我只是认为你应该花更多的精力在客户关系上，哪怕因此减少做准备工作的时间。如果你需要，我可以提供帮助。有几个客户抱怨说'蔡经理在与我们见面时总是草草结束，太过匆忙，显得很不耐烦，根本没有认真听取我们的反馈意见和建议'。不如你想一下这个问题，我们这个星期再找个时间仔细地讨论一下，好吗？"结果，小谭和小蔡之间的谈话完全失败了。

1. 协作 SJ 型人如何传递反馈

小谭的反馈精确、简练、合乎逻辑、理性，但没有给出任何明确的信息，相反，只是自己的一些印象和观点，当时也并没有给小蔡留出足够的时间进行辩解，这会让小蔡感到厌烦。而且，小谭列举的那个具体的例子，小蔡也并不赞同，没有得到她正面的反应。

另外，SJ 型人还可能采用完全相反的反馈方式。因为喜欢用事实说话，他们也会在传递反馈意见之前过度准备，收集很多资料，提供足够的信息。小谭可能会花时间和小蔡讨论客户关系的方方面面，然而这会偏离主题，小蔡可能只听取了不到十分之一的内容。

小谭所说的一些话暗示小蔡做了一些错事，比如"抱怨说你的见面总是草草结束""你应该花更多的精力在客户关系上"。但在小蔡看来，"抱怨"隐含着

"错误"的意识,"应该"则暗示自己做了一些不正确的事。

小谭认为自己一开始就表明:"我的意思不是说……也不是说你没能力……"这也是一种表扬,只不过这种拐弯抹角的赞扬是把积极的内容以否认的方式表达出来。小蔡同样怀疑小谭表达"我只是认为你应该……"时的诚意,在小蔡看来这就像是一个否认说明。很多引导词的使用,比如"只是""但是",其中隐藏的含义就是否定前面所说的内容。

SJ 型人往往专注于事实,而且倾向于把事实和情绪分离开,所以小谭才建议稍后再找个时间讨论。这是因为 SJ 型人在回应对方意见之前需要时间调整一下自己的感觉。SJ 型人的身体语言也显示了他们只愿意针对事实,不希望讨论感情的内心想法。一些身体语言,比如微笑、深呼吸、直接的眼神接触,都代表着人们乐意与他人进行感情交流。然而,SJ 型人看起来却面容紧张、呼吸急促,在别人渴望情感交流时把眼睛从对方身上移开,潜在的暗示就是:"告诉你的想法,但是不要告诉我你当时的感受。"

然而小蔡却很愤怒,他认为把谈话分两次进行只是小谭单方面的决定,自己不但无法表达当时的感受,反而有被操控的感觉。

2. 反馈建议

SJ 型人要记住:人们也许并不喜欢明确的、合乎逻辑的反馈方式,而更倾向于完整的想法和感受的相互交流。

- 保持自己的精确性,但是注意不要过分简练,否则对方可能无法理解你所说的内容。
- 继续认真思考自己的反馈方式,但是注意不要给接收者提供过多的信息。
- 明确自己任务的同时也要与他人进行情感交流。

二、将反馈技巧发挥到极致

有效沟通是一门有关成功传递信息的艺术。在我们日常生活和职业生活中起着重要作用,人际关系成功与否,在很大程度上取决于良好和健康的沟通。高效的沟通者明白当自己向对方传递想法时,最好的方法并不一定要说很多话。事实上，说得越多，我们的信息就越晦涩难懂。

1. 反馈的意义

我们传递的每一组词语都会伴随着非语言信息，能够为理解话语的含义提供帮助。经验丰富的沟通者非常明白语言和非语言交流的重要性，并表现出如下特征：

- 他们擅长倾听，并花时间理解、加工、吸收和分析信息中的细节。
- 他们会把建立在一些只言片语上的对话升级发展为真正的表露，对此乐此不疲。
- 他们意识到采用积极的态度能让对方感受到尊重、信任和轻松，这样就降低了对话的成本，并使对话积极而富有效率。

没有坦率的反馈，就没有真正的方法让对方知道自己如何有效地完成既定目标或影响他人。一些人愿意接受甚至寻找反馈，而另一些人却把它看作是批评。那些倾向不接收反馈的人总是消极地应对信息，他们将自己封闭起来，逐渐变成不活跃的倾听者。

那些积极、开放和真诚接收反馈的人会真心倾听别人的话语，他们对寻找对话机会，对获取他人的观念，对理解他人的信息尤其感兴趣。

一般来说，有两种给出反馈的方式：

- 被动和效率低下的方式，带有强烈的侵犯性，总是放大对方的缺点。反馈一般空洞模糊、毫无焦点，不友好，不平等，没有信任，缺乏尊重。用一种评判和斥责的语气来传递信息。这种反馈往往会形成信息偏差，加深彼此的误解，使反馈失败，甚至会影响日后关系的发展。
- 是积极而内涵丰富的反馈，这种反馈方式提供了有价值以及有建设的评论，能够令接收者做出改变。双方能在信任、理解、换位思考、相互尊重的轻松气氛中展开对话。那些提出建设性意见的人是善于真正地做到与他人沟通或是帮助他人的人。

2. 将反馈技能发挥到极致

要想表达自己的观点，使反馈富有成效，就要有同理心，对他人的立场进行换位思考，要真心地尝试倾听和理解他人之言。做一个积极的倾听者，然后给予对方有质量的反馈。需要在开口前进行思考，遣词造句不仅要表达自己的观点，也要从对方的角度考虑问题。

要成为富有成效的反馈者，需要留心以下四种信息源：

- 留心倾听对方真正想要表达的信息，而不是只关注自己的观点，降低对话的阻力，提升反馈的质量。
- 确定自己的非语言交际，比如手势、仪态、姿势、面部表情以及眼神交流，与自己的语言信息相匹配。
- 良好和高效的书面交流要保证"言简意赅"的准则，直击问题的核心和关键处。语言精确，语法正确，清晰与简练，可以保证重要信息不被遮蔽，得以顺畅传递给对方，尤其是通过电子表格形式交换意见的时候。
- 有效的视觉沟通可以促进信息传递和接收的效率，比如使用照片、符号、标示等，这些视觉信息不会令语言或文字沟通出现混淆状况，还可以使反馈具有可见性，更为直观。

3. 反馈的一些技巧

下面的一些反馈技巧适用于每个人。不管是预先规划如何反馈，还是真正开始传达相关信息，这些技巧都非常实用。

在开始讲话前最好考虑一下所要讲的内容：

- 反馈应该针对人们可以有所改变的领域。
- 确保自己给予反馈的目的是帮助他人，而不是嘲弄、讥讽，甚至是伤害对方或者强迫对方改变。
- 注意自己交流时流露出的非语言信息。
- 私下传递反馈信息。
- 表达要直接，但同时应当对他人保持尊重。
- 确定对方目前的情绪状态可以听得进你说的内容。
- 反馈信息除了负面意见之外，还应当包含积极内容。
- 不要试图用自己的想法去解读对方的行为，这很危险。
- 确保对话是双向进行的。
- 如果有条件，事先和他人预演一下如何给予反馈，一方面可以练习，另一方面可以得到一些建议。
- 记住最重要的一点：没有人可以改变别人，只有自己才能改变自己。

还有三点我们必须牢记：

- 不要因为自己性格类型的一些倾向性特点影响了自己传递反馈信息的能力。
- 学习"MBTI"知识，根据对方的性格类型适时调整自己给予反馈的方式，直到MBTI成为自己得心应手的一个工具。
- 我们要记住，只有当言语的发送者与接收者理解相同的信息时，双方才能形成"共振"，反馈才会卓有成效。

第八章 如何控制冲动的情绪

在企业中，冲突是给人带来巨大压力的因素之一。人们之间所以会产生冲突，原因复杂多样，资源、战略、决策、目标、绩效、薪酬、文化、权力、领导方式、沟通方式、工作习惯、相互接纳、个性等都可以引发冲突。如果不能有效解决冲突，不但会伤害个体，还会影响个体所在组织的良性发展。尤其在以生产和利润为主导的企业，冲突给个人和企业带来的影响更加巨大。

一、如影随形的愤怒触发器

尽管绝大多数人都不喜欢冲突，但是冲突却是一种客观存在，仍然是我们生活的一部分，当然也是企业生活的一部分。我们可以逃避冲突，也可以正面迎击冲突，但最好的选择是预防冲突，或者在冲突发生时采取措施控制冲突的蔓延，以及无论采取什么办法积极有效地解决冲突。MBTI"情绪管理"的内容就是针对每种性格类型介绍上述三个方面的知识和技巧。

1. 我们应对冲突的方式

当冲突发生时，我们通常会有三种选择：悲观的、中立的和乐观的。

悲观的选择：将冲突看作一场斗争，最终一定要分出胜负。在我们的心中，冲突虽然是狂暴的、不可预料的、强烈的，但终有结束的时候。

中立的选择：将人际关系看成一座不相连的桥梁，暗示着冲突起因于相互之间关系的突然断裂或严重破坏，但通过努力可以得到一定程度的修复。当然也有人会同时选择悲观和乐观的信念，这意味着我们将冲突看作情绪的混合体验，包含困难的同时也有积极的可能性。

乐观的选择：将人际关系看成两个握手的人，说明只要双方敞开心扉讨论各自的差异，就能有效解决冲突。选择乐观信念的人，还会将人际关系比喻为明亮的太阳,这代表着我们已经从冲突的压力中看到了一些希望。

在现实中,尤其是在各种组织中,绝大多数人都会作出悲观的选择,将冲突看成一场拳击比赛或暴风雨。原因有两个:第一,冲突往往会诱发强烈的情绪,比如愤怒、恐惧、悲伤等,在绝大多数人眼中,这些情绪都是悲观的,需要尽力避免;第二,很少有人知道如何有效地处理各自之间的差异,从各自的性格差异方面看待和解决冲突。因此,关于冲突的现实体验往往都是负面的。

2. 愤怒触发器

人们在一起共处,某些情况总会激怒我们,比如撒谎、欺骗、轻视、挖苦和竞争等,这时,人们在这些场景下的反应会呈现出巨大的差异,原因就是各自的性格特征大相径庭。每种性格类型都有自己特定的"愤怒触发器",即某种工作场景必然会使某一性格类型感到愤怒,但对另一种类型却毫无作用。

通过对MBTI"情绪管理"的学习,我们为读者描述并解释了每种类型所特有的冲突场景,这可以帮助陷入"冲突困惑"的员工回答一个最常被问到的问题:在看到同事生气的时候,很多人都会疑惑:"感觉这个事情没什么呀,为什么对方这么愤怒?"

另外,无论导致人们生气的原因究竟是一样的,还是包含了各自特定性格类型的"愤怒触发器",具有同一类型性格的人们在愤怒时的行为表现都是类似的。

企业就是一个微缩的人类社会,员工们在一起工作,难免会发生一些小分歧,一个员工的行为可能会违背另一个员工的预想,由于事前人们并不会一起讨论什么才是自己预想的行为,所以冲突引发者根本不可能认知到自己的行为是令人愤怒的。当这些令人不快的行为发生时,被冒犯的一方感觉到同事触动了自己的"愤怒触发器",或者说自己被"触怒"了。"触怒"这个词原本的含义是指胃部缠绕似的疼痛,或者头部的撞击、身体的剧痛;这里的"触怒"是指伴随着愤怒、受伤、不安、沮丧或者恐惧的感受,内心发出的"你不应该这样对我"的声音。

当员工在工作中被触怒时,绝大多数员工都不会直接向同事抱怨什么。他们或者希望同事的行为只不过是一次无意识的冒犯;或者认为直接说出自己的不开心只能使情况变得更糟;或者担心直言不讳可能酿成冲突,也可能会伤害同事，或者两者都可能发生。这时，心中的不快开始不断积累和恶化，最终一定会演变为一场冲突，或者一次伤害双方、影响工作的危机。

在冲突爆发时，双方的情绪会更加激昂，负面的感觉接二连三地涌现：敏感、怀疑、委屈、不安、嫉妒、暴怒等，对积怨讨个说法、一定要划分出对错的危险情绪更是呈几何级上升。这种情况下往往会出现如下结果：或者双方发生争吵，或者一方躲避另一方，或者两种情况同时发生。一般情况下，一个人被触怒三次后才会爆发，有时仅仅两次甚至一次后愤怒就表现出来了，我们会在稍后详细介绍。

其实，冲突的积累和爆发为双方提供了一个绝佳的自我发展的机会。事实上，从开始被激怒到最终爆发的过程，不但可以反映我们所处的环境以及冲突双方的工作特点，而且会更多地暴露出我们的个性。

3. 如何管理自己的情绪

在工作中，我们可以利用冲突的积累和爆发这个过程来开启自我发展的大门，控制自己的情绪，提升情绪管理能力，具体包括以下四个方法。

预先告知：在双方的工作或合作关系确立后，双方应该先停一停，找个时间深入沟通一次，具体谈一下彼此之间形成的关系，以及各自的工作风格，同时双方也可以强调一下哪些行为可能会触怒彼此。

即时反馈：在合作关系开始后，如果意识到自己被对方触怒时千万不要逃避，应该立刻告诉对方自己当前的感受。要注意，在向对方反馈时不要带太多的个人情绪；不能让怒火无限制地积累，然后向对方摊牌。在本书"反馈方式"部分中，"积极反馈法"可以帮助员工传递相关的反馈意见，包括什么行为触怒了自己，这种行为造成的影响以及自己认为合适的行为等。另外，在"反馈方式"部分中，给予反馈时如何控制自己的性格类型，以及如何向不同性格类型的人传递反馈信息，在反馈触怒信息时也很有用处。

及时释放：对触怒者来说，当意识到自己的行为已经显露出愤怒情绪时，可以进行一些身体上的锻炼，比如健身、游泳、跑步和旅游等，以释放不良情绪。因为，当我们感到愤怒时，往往会变得紧张、肌肉紧绷，还可能出现胃部、肝部的不适反应，这些都是情绪变化造成的生理反射。进行一些身体上的活动，可以打破这些不良的生理循环，从一个新的、更有建设性的视角重新看待那些触怒自己的行为。

自我反省：对被触怒者来说，当我们在工作中被触怒的时候，可以试着问自己下面的问题："我对所处环境或者对方行为的反应是否说明了自己在性格上面存在一些问题？""自己需要在哪些方面做出改善？""如何处理自己的情绪才能塑造最佳的自我？"

毫无疑问，自我反省是理解和处理自己愤怒情绪的有效方法，只要我们保持一种宽和的心态，扪心自问："对这个事情，我刚刚的反应是否太过强烈、消极？我的工作方式是否出了问题？面对这次不快的体验，我如何才能表现出客观的态度？"这些反省包括我们内心对事情的解读，我们在工作中特有的情绪响应，以及我们当时的行为。

通过案例，我们会在MBTI"情绪管理"部分介绍四种类型的人在工作中如何显著地改善自己应对冲突的能力，以避免绝大多数人与人之间冲突的进一步恶化；还会介绍如何根据对方的性格特征调整自己应对冲突的心态；最后介绍一些解决冲突的方法。

方略1：时不我待，快速解决冲突

小昭和小张是一家咨询公司的合伙人，同属公司能源行业咨询部，小昭恰恰是一位倾向掌控、支配、主导的SP型人。两人虽然是同事，然而她们之间的不和已经持续很长时间了。尽管两人从未一起讨论过彼此之间的矛盾和冲突，但都根据自己的看法对其他同事讲述这件事情的不同版本。她们之间的积怨是如何形成的呢？这还要从5年前说起。

5年前，小昭已经是这家咨询公司的合伙人了，小张也来应聘合伙人的职位。在初次面试后，公司对小张的印象很好，希望进一步沟通，公司管理委员会将这个任务交给了小昭。有一天，小张的秘书告诉她，小昭认识公司的一位合伙人Q，为了了解小张的业绩，便给Q合伙人偷偷打了电话。

在咨询领域，泄露一位员工，尤其是掌握客户资源的合伙人正在应聘新工作的消息属于违反职业操守的行为。因为这样做，原公司由于害怕要离职的员工把公司的客户带走，往往不会再分给他们新的客户。而且一旦应聘不成，继续留在原公司，很有可能受到排挤。

在复试的那一天，小张所在公司的每个人都知道了这个消息，这简直让小张怒不可遏。小张立刻告知应聘公司，要求公司把自己从候选人名单中除去，并清楚地说明了事情的原委。

在这个案例中，我们要重点讲述和分析小昭对这件事情的反应，看看对抗性SP型人的冲突模式。事实上，小昭对整个事件的发生也非常生气。5年过去了，因为一次重大的并购活动，小昭和小张同时成了新咨询集团的高级合伙人。

1. 容易触怒小昭的场景

在其他同事看来，很容易得出小昭生气的结论：小昭之所以生气，是因为那个秘密电话成了尽人皆知的消息。然而，根据小昭的版本，她根本就没有打过那个电话。如果把小昭的版本也考虑进去，似乎小昭的愤怒来自于遭人误解，因为一些莫须有的违反职业操守的行为被人谴责，严重影响了小昭在公司甚至咨询行业的信任度。事实上，让小昭在意的不仅是这个错误的指控，还有一些其他因素也让她感到不快。

事后，小昭的几个同事告诉她，这个子虚乌有的电话是从公司一些爱搬弄是非的人那里传出来的。当初小张打电话给公司要求取消复试，但是公司却从来没有和小昭谈起过这件事。自从小张进入公司，也从来没有在小昭面前表达自己的愤怒或者谴责她的行为。所有这一切信息都是另外一个高级合伙人H告诉小昭的。在她们的交谈中，H合伙人批评了小昭的所有行为。这些不同版本的信息让小昭怒火中烧，她恼怒公司竟然没有一个管理人员有勇气直接面对她核实相关的情况，反而任凭流言蜚语在公司传播，只听信一面之词。

小昭也厌恶那些不敢为自己的言行承担责任的人。她知道肯定有人向小张的公司泄露了秘密，但绝不是自己。小昭不停地思索，那个泄露秘密的人是不是从别人的渠道得到了相关信息，却嫁祸到自己头上？他针对的是我还是小张？是不是小张自己不小心告诉了别人正在应聘的消息，却把这一切赖到我头上？在小昭看来，那个真正的泄露者正躲在暗处，高兴地看着自己背黑锅的样子呢！

小昭还觉得自己在没有任何防备的情况下被伤害了。公司绝大多数合伙人都在几天前就知晓了整个事情，却没有人告诉自己一声。小昭被这种无聊的"办公室政治"深深地伤害了，这些同事可能知道事情的真相，他们要么选择对公司保持忠诚，要么担心受到公司的责难，却没有一个人考虑与自己共事的友谊。

SP型人虽然很坚强，但也厌恶突然的惊吓，他们喜欢一切情况都控制在自己手中，极度依赖那些自己一直都很信任的朋友。但是现在，小昭深刻体会到了自己的脆弱和孤立无援。

另外，SP型人非常关注自己的形象和在行业中的地位，但是现在，小昭一想到事实永远得不到澄清，自己一直要背负这个骂名，简直要发狂。因为这个事件的主角分属两家不同的公司，彻底解决问题的可能性简直微乎其微。小昭一想到自己所受的误解可能永远得不到昭雪，她的愤怒和痛苦感就越来越强烈。

容易触怒主导SP型人的场景
- 不讲道义。
- 不直接处理问题。
- 对方不为自己的行为负责，毫无做人的底线。
- 没有防备地被人伤害。
- 对SP型人缺乏事实的评价。

2. 小昭被触怒后的反应

SP型人被激怒后，往往会本能地快速作出反应。他们身体上的负面感受绝不仅仅是胃部的阵痛或不适，而是发自内心的愤懑，好像澎湃的怒火从腹部升腾，不断燃烧和加强，最终一定会通过语言、行为或者语言加行为的举动爆发出来。

在刚刚了解到同事对自己的误解时，小昭非常惊愕，而随后的指责简直让她目瞪口呆，不知所措。在分拣和整理出事件的发展经过后，小昭的怒火开始上升。

小昭原本想去公司老板的办公室，和他谈谈这些错误的指责给自己带来的感受。然而在即将踏入老板办公室的前一刻，另外一位高级合伙人H却走进了小昭的办公室。他不是来调查事情真相的，而是来批评、谴责小昭的行为的。面对这一切，小昭似乎明白了，为什么在事件发生的第一时间，老板和同事都没有告知自己，原因再清楚不过了，因为在他们心中已经认定自己犯了严重错误。小昭感觉自己像被放在一个令人窒息的盒子里，举目望去没有任何补救的路径。

在一个充满压力和窒息的环境里，绝大多数人都喜欢掌握主动权，能控制事态的发展，保护自己免遭负面环境的伤害。而对 SP 型人来说，控制整个形势是他们性格特征的基本要求。小昭心烦意乱，她认为自己失去了主动权，不能控制事态的发展，自己成了被人愚弄、嘲笑和指责的对象，瞬间变得脆弱和无助。

SP 型人通常都会避免在别人面前表现自己的软弱，尤其在面对压力时。这时，他们往往会选择退避：减少和同事的交流；投入到工作中；关上办公室的门，找个理由离开办公室等。小昭的行为表现便是如此。

小昭和公司里极少数自己信任的同事讲了自己的愤怒、怀疑、不安和焦虑。在这些对话中，小昭介绍了整个事件发生的经过，表达了自己所受的伤害和痛苦，并希望得帮助和建议。通常情况下，SP 型人对自己很有信心，都会只听取自己的意见，但在不确定相关情况或想不出可行方案时，他们也会从自己信任和尊重的人那里去找答案。小昭信赖的那些朋友都尽力为她提供帮助和给予她意见，然而他们也十分困惑，不知道哪些方法对小昭来说是切实可行的。

小昭当然不再信任或尊重自己的老板、那个指责自己的高级合伙人 H、小张以及公司里其他竞争对手。小昭知道，自己再也不可能继续信任他们，事实上，在和他人讨论这件事情时，小昭就下定了决心："自己再也不理会这些人了。"

主导 SP 型人被触怒后的反应
- 澎湃的怒火驱使他必须采取行动。
- 快速地分拣和整理相关信息与感受。
- 如果可能，尽量避免脆弱或者失控的情绪。

- 全面退避。
- 从自己信任和尊重的人那里获取支持和建议。
- 不理会那些自己蔑视和不被尊重的人。

3. 如何缓解与小昭的冲突？

SP 型人在非常愤怒的情况下，即使已经竭尽全力压抑自己的情绪，怒火仍然可能在不经意间毫无征兆地爆发出来。

小昭的对手，包括自己的老板、那个指责自己的高级合伙人 H、小张以及公司中其他竞争对手，在这个事件发生后都没有试图与小昭正面交流。然而，即使他们与小昭沟通，也可能得不到小昭任何积极、肯定的回应。

由于小昭不愿主动和他们进行面对面的交流，因此他们只能不经预约直接走进小昭的办公室。这时，小昭可能作出如下几种反应：冷淡地沉默，要求对方立刻离开自己的办公室，或者坦诚地爆发出心中的怒火。如果公司那些既不是朋友也不是对手的同事在这个时候接近小昭，很难预料她会作何反应。小昭可能会表现得非常冷淡和退避，但在极度烦躁和沮丧的情况下，她也有可能把这些同事当作表达不满的传声筒，通过他们发泄和传递自己的感受。然而，整个公司除了小昭那几个寥寥无几的亲密朋友，估计谁也不会主动接近小昭。事实上，那些同事都在躲避小昭，深怕引起一些负面评价，被上层领导误认为他们在搞同盟。

小昭的老板以及那位高级合伙人 H 都错失了一次可以避免冲突升级的好机会，作为公司的高级管理人员，他们本该在事情发生后的第一时间和小昭开诚布公地交流，告诉她自己听到的情况，然后以豁达和客观的态度听取小昭这方面的解释。

在试图与 SP 型人对话的时候，应该遵循四个基本原则：直率，诚实，认真聆听 SP 型人的感受，不要表现出软弱或者不确定性。SP 型人通常都非常诚实、直率，他们希望别人也和自己一样。

掌握了这些原则，老板和其他同事在听取小昭所讲的事情版本后，可以直截了当地发表评论、提出问题，比如说："你现在肯定非常生气，我能理解你的感受。现在咱们可以坐下来讨论这件事吗？"

如果小昭想要继续讨论这个问题，对方一定要抓住机会，认真对待这次谈话，以百分之百的精力与小昭展开交流，同时在回应时也要做到开诚布公、诚挚和热情。SP型人在被压力环绕的时候，会比平常更敏感于谈话者的坦白和诚实。在这个时候，他们身上像装了一部感应器，可以本能地、准确无误地感应到对方的回应是否真的诚实和坦白。

如果小昭在谈话中询问："你觉得我会做这样的事吗？"为了使沟通继续，对方必须完全忠实于自己的内心回答这个问题，哪怕自己的答案是"是的"或者"我不知道"。尽管上面这两种答案都可能惹恼小昭，但最起码她会尊重对方的坦白和诚实。

一旦SP型人开始自由表达心中的感受和不满时，最好不要打断他们，应该让SP型人完全发泄出心中的不满和愤怒。这样做不但能让SP型人感觉舒服一点，逐渐收起防御机制，还能让他们变得有包容心，能够听取对方的解释，考虑别人的观点，使谈话继续下去，从而让SP型人决定下一步行动计划。

那个指责小昭的合伙人H在和她交流时，没有表现出豁达的心胸，先入为主，一开始便戴着有色眼镜看待这件事件；而小昭的老板甚至根本没有和她讨论这件事，尽管小昭不知道为什么。他们两人之所以会这样做，是因为畏惧小昭平时表现出来的强势的性格，主观地认为小昭的第一反应一定是大发雷霆。如果小昭真的在谈话中威胁对方，这种交流就会变成一场不愉快的冲突。

要记住，在试图接近SP型人时，很重要的一点就是不要表现出软弱和不确定性。如果对方很容易被吓到、缺乏勇气或者表现脆弱，SP型人往往会用更加嘲弄的态度对待这些人。

尽管很多人都认为 SP 型人非常享受冲突过程带来的感觉，但事实上，他们只不过是喜欢发掘事情的真相。虽然双方之间真正的对决会让 SP 型人激动不已，发泄出压抑的怒火也会让 SP 型人轻松不少，然而一旦完全表达了自己的愤怒，还原了事情的真相，事后 SP 型人内心也会产生一种负疚感和深深的歉意。

当冲突直接指向 SP 型人时，尤其是在他们被错误地谴责、缺乏控制权或者感觉脆弱的时候，情况又会完全不同。这时，SP 型人发现自己很难表达出自己的看法和感受。

小昭当时就是这样，她需要公司和同事的支持和理解，尤其是自己的老板和公司的高级管理人员。如果他们能够听取小昭的申辩，完全可以提议召开一次沟通会议，邀请事件的各方参加，与小昭一起梳理、分析和还原事情的真相。当然，如果这时小张已经成为公司的合伙人，也应该参加，这样可以将误解和不满消灭在萌芽状态，彻底化解这次冲突危机。

即使这次事件的各方当事人不可能共同参加这个会议，小昭也会觉得舒服很多，起码还有人留有勇气和正义感，愿意揭开事情的真相。这样，小昭也找到了一条挣脱绝望和跳出窒息的路径。因为，事情已经被拿到明处解决，冲突的各方有面对面解释的机会，事情的真相有被还原的可能，或许有人会站出来承认自己所做的一切。小昭看到了希望，因为这是 SP 型人最期待的事情。

如何缓解与主导 SP 型人的冲突
- 直爽。
- 诚实。
- 倾听 SP 型人强烈的内心感受。
- 不要表现出软弱或者不确定。
- 不要使用那些可能会让 SP 型人误认为是批评和指责的词语。
- 与 SP 型人一起挖掘事情的真相。
- 给 SP 型人在公开场合表达感受的机会。
- 让 SP 型人看到还原事情真相的希望。

4. 主导 SP 型人如何管理自己的情绪

（1）预先告知

在双方的工作或合作关系确立后，强调一下哪些行为可能会触怒自己。一旦 SP 型人了解了讨论这个话题所能带来的好处，他们就会愿意以一种自然、真诚的态度和对方交流。SP 型人可能会说："让我们谈一下在合作过程中有哪些行为会让我们感到困扰？"或者说："在合作中，总有一些事情让我们感到困恼，我先谈谈这方面的情况。"

SP 型人在介绍哪些行为可能会触怒自己时，应该注意下面的问题：很多 SP 型人厌恶的行为都包含有道德方面的原因，不公平、不坦白、不诚实或者不愿意承担责任等。在合作关系刚刚确立的时候分享这些事情，SP 型人最好列举一些具体的例子，而不要只是泛泛地谈一下道德观或者价值观的问题。因为对方或许认可你的价值观，但是每个人对同一个价值观可能会有完全不同的理解。因此，SP 型人在和对方讨论一些可能困扰自己的行为时，一定要花时间进行具体说明，让彼此之间的交流达到一定的深度。

（2）即时反馈

SP 型人一定要记住提醒自己在愤怒刚刚发生时即时反馈，及时解决，不要以为事情很小，就放任不管。事实上，所有的愤怒都不是小事情，分享彼此的感受不仅可以让双方学会如何进行有效的沟通，同时还能增加未来双方抗击冲突的能力，防止冲突的升级和扩大。随着沟通和反馈技巧的纯熟，对话过程会更加清晰和有效，双方也都愿意为最终积极的合作付出努力。

另外，SP 型人一定不能让自己的不满继续积累。通常情况下，SP 型人在表达自己积累的愤怒时都会给对方带来巨大的压力，如果这些愤怒再与 SP 型人身上具有的威严、强硬和控制欲相结合，那么带给对方的压力就会翻倍。

（3）及时释放

体育运动可以有效减轻 SP 型人心中压抑的不断增强的愤怒感。爬山、慢跑等有氧运动不仅可以帮助 SP 型人保持旺盛的精力，同时也给他们过多的能量提供了一个宣泄的途径。另外，SP 型人在生气时，往往会变得无精打采，而体育运动可以给他们充电，让 SP 型人重新动起来。

（4）自我反省

很多 SP 型人都希望加深对自身的理解，因此长时间的认真思索和思维"复盘"可以给他们带来很多有用的信息。"我对所处环境或者同事行为的反应，是否说明自身存在的一些问题？自己在哪些方面需要改善？如何处理自己的情绪才能塑造最佳的自我？"对这些问题的思考和反省能让 SP 型人注意到自己最令人忧虑的特征：深层的、通常是刻意隐藏的易受攻击的、脆弱的个性。

另外，SP 型人还需要考虑一个重要问题：为什么别人总是畏惧自己？很多 SP 型人都不明白自己根本没有表现出威胁的态度，最起码没有有意表现过，为什么对方还像是受到了恐吓？面对这种情况，SP 型人首先应该和一些自己尊敬的人谈一下，询问他们："我曾经以什么方式让你觉得受到恐吓了吗？"答案往往会让 SP 型人大吃一惊，但却很有启发。然后，扪心自问，复盘自己的行为："我曾经有意试图威胁过某人吗？在工作中，我是否为了坚持自己的观点而粗暴地驳斥过同事的意见？在同事还没有说完的情况下就不耐烦地打断他们，让自己的意见占据上风？"为了正确地了解自己，在回答上面所有问题时，SP 型人必须保持绝对客观和诚实。

方略 2：通过想象美好的事情缓解痛苦

小薛是一家医疗器械公司大客户管理 2 部的客户经理，一个健谈、活泼、温和的 SP 型人。她耐着性子开完了一个持续了一整天的部门会议，基本上没有发言。在会议中，小薛努力想使自己表现得很感兴趣、很投入，但刚刚过了 15 分钟，她已经不耐烦了，心想："这里坐着十位客户经理，十二位客户主管，但却没有任何事情发生。他们在开发新客户方面没有任何进展，总是在不断重复相同的对话，却没有通过任何决议。"有几次，小薛发表了自己的看法，但其他人的反应却并不积极，他们不仅没有表示同意，反而对小薛的看法不屑一顾。

随着会议的进行，同事们逐渐注意到了小薛相比平时显得比较沉默，但他们以为这是工作疲惫或生病的缘故。在下午会议休息时，几位同事过来随意地与小薛攀谈："你还好吗？你今天讲的话很少，是生病了吗？"

小薛对每位同事的回答都是一样的："我还好，谢谢。"她期盼着周末的到来，准备带家人一起去登山，释放一下愤怒的情绪。

1. 容易触怒小薛的场景

小薛是一位温和的 SP 型人，无论是在工作中或是参加团队活动，她平时都表现得热情、大方、健谈，总是成为同事注目的焦点。她喜欢具有激情和挑战性的工作，越是困难的任务越能激发她的工作动力。现在整个部门在客户开发方面毫无进展，基本上都是在按部就班地维护老客户，小薛当然感觉不好。事实上，最近她非常焦虑、烦躁和不安，已经准备向公司提出申请，想调到客户 3 部工作，如果公司否定了她的申请，她决定离开公司。在整个会议中，小薛都觉得很无聊和沮丧，在她看来，这些好似没有尽头的重复话题，不知谈过多少遍了，实在没有必要再老调重弹。

会后，小薛和其中关系比较近的一位 M 同事交流了自己的感受。M 是一位谨慎者（C 型人），一个喜欢流程性工作的人，善于团队合作，她对目前的工作状态比较满意。M 对小薛解释说："会议的目的是确保每位客户经理都能了解所有相关信息，这样大家才能达成共识。"小薛立刻反驳了 M 的观点："部门的好几位同事，包括我自己，都已经很清楚相关的信息了，我们为什么还要浪费宝贵的时间呢？"

在面对过于寻常、重复的任务时，SP 型人往往变得沮丧，非常不耐烦。事实上，小薛已经很满意自己能够坚持听完整个会议而没有找理由提前离开的状态了。

在会议过程中，小薛希望部门能有所改变，还是忍不住提出了自己的看法，但几乎没有人积极响应，这让她感到非常愤怒。从头至尾没有人评价说："建议不错，我觉得可以这样做"，就连"你的想法启发了我，值得研究"这样的评价都没有。实际上，讨论看起来很快又回到了原来的轨道上，缓慢、单调、扯皮、推诿，重复地述说着如何在一起工作。

另外，整个房间里的沉闷气氛也让小薛感到窒息和不舒服。一般情况下，她都能给自己参加的团队带来活力和能力，成为"团队明星"，然而现在好像自己所有的努力都没有带来任何效果。没有人肯定自己的想法，这让小薛非常愤怒，感到心烦意乱。

事实上，如果别人对SP型人毫不理会或者不太重视，他们开始会觉得很受伤害，然后愤怒起来。这些积累的不快和沮丧，加上不得不强迫自己留在这个极度压抑和烦闷的会场，导致小薛的愤怒最终爆发。

最后，在别人询问自己为什么表现得这么沉默时，小薛简直要崩溃了。她心想："这还用问吗？"在她看来，同事并不是关心自己的健康，而是对自己行为的一种婉转的批评。他们的潜台词好像在说："你为什么不能做些贡献？"在那一刻，小薛感觉自己要暴跳如雷了。

容易触怒温和SP型人的场景
- 沉闷乏味，没有挑战，太过平常的工作或任务。
- 别人的轻视、忽略和不严肃的对待。
- 失去焦点位置。
- 不公平的批评。
- 自己的努力没有达到效果。

2. 小薛被触怒后的反应

SP型人在愤怒时，往往反应迅速。尽管小薛在整个会议过程中独自一人坐在那里生闷气，但是她的沉默也暗示着有些事情不太对劲。在沉默时，愤怒的SP型人内心世界是极不平静的，如同巨浪翻滚，涛声不断；这时他们往往思绪飞驰，整个大脑就像一架放映机，一个想法接着一个想法，对事情的发生做出一个又一个假设，设想出一个又一个反击的办法。

一般情况下，SP型人都会尽量与痛苦保持距离，尤其是温和SP型人，他们觉得自己每天都应该快乐，不要让沮丧侵袭自己的大脑。在SP型人察觉到自己开始焦虑、不安和忧虑时，他们往往开始想象一些积极、有趣的事情：下一次旅行去哪里，或者应该给谁打个电话来做成下一笔生意。

然而，SP型人真正感到痛苦和惊恐的时候，往往不会再逃避到让人愉悦、感到刺激的想象中去，而是倾向于思索一些防御和反击的策略。SP型人敏锐的头脑一旦开始思考就会高速运转：分析形势，对发生的事情和参与的人得出自己的结论，然后决定下一步的行动以及具体实施计划。

尽管小薛最初努力将注意力集中在自己的想法和计划上，但很快她就感到了厌倦。她开始猜测别的同事怎么能忍受这个单调乏味的会谈，然后就得出自己的结论：这些客户经理都没有自己经验丰富、精明能干。而事实上，整个部门的几位客户经理都拥有比她更丰富的工作经验。这反映了小薛内心的一种自我解释过程：自己的反应是正确的，别人的都是错误的。

SP 型人在焦虑状态下往往会寻找一个自我满意但实际上错误的理由为自己的行为辩护。

随着会议的进行，小薛的反应越来越消极。在觉得自己被整个部门忽视的情况下，小薛心想："这是一个多么缺乏想象力、无趣的团队。如果只能谈论这些问题，他们怎么可能成为好的客户经理呢？他们怎么就想不出一个有创造力、有智慧的点子呢？"

SP 型人在越来越烦躁，为自己的行为自圆其说也不能缓解他们的焦虑时，他们往往开始变得吹毛求疵，转而批评他人。

一旦觉得别人不公平地指责了自己在会议中的表现，小薛就会从批评转变为谴责。她开始质疑同事的潜在动机："他们是想获得我的客户名单，抢夺我的客户资源。"在小薛看来，这些团队成员都不值得信任，因此会议结束不久，小薛开始慢慢疏远这些同事，包括与她关系很近的 M。对小薛而言，与他们保持距离才能缓解自己愤怒的情绪。"眼不见心不烦，还是相信自己的好。"小薛立刻切断了与团队的紧密联系。

温和 SP 型人被触怒后的反应
- 通过想象一些美好的事情来逃避痛苦。

- 为自己的行为自圆其说。
- 批评或谴责对方。
- 可能采取玩世不恭的态度，淡化现实对自己的影响。

3. 如何缓解与小薛的冲突

SP型人在生气时，会很难同意和对方进行交流。这时我们可以采取一种低调的、非对抗的方法接近SP型人。比如说："你觉得这次会议怎么样？"或者"你对这次会议的感觉是什么？"如果SP型人回应说"一切都还好"，这就等于告诉对方："对话结束了，不要再问了。"然而，有些个人的见解确实可以鼓励SP型人分享更多自己的感受，比如试着对SP型人说："我觉得我们在一些问题上浪费了太多时间。"

当SP型人开始分享自己对有关事情的看法时，我们可以通过一系列非评价性的、自由回答的问题来了解SP型人的推理过程。比如当SP型人开始解释自己的看法时，他们的很多观点都已经进行了合理化处理，这时我们可以继续询问："你能帮我进一步理解这个问题吗？"SP型人在讲述了自己的感受后，只要对方不进行直接反驳，SP型人通常能够耐心地听取对方的想法。有些措辞对SP型人效果非常好，比如可以说："你的观点很有意思，但我的想法略有不同。"

如果SP型人已经开始批评和谴责他人，这时劝阻他们放弃自己的看法和结论就需要技巧和坚持。最好的策略是首先承认我们已经了解到SP型人的愤怒，然后真诚地提出进行交流的要求。比如，我们可以这样建议："我能感到你非常愤怒了，但我并不是完全理解其中的缘由。你我之间的关系对我来说非常重要，我迫切和真诚地希望能和你谈一谈。"

前面已经介绍过，一旦SP型人开始述说自己的感受，我们就要鼓励他们充分表达自己的看法，下面的方法就是向SP型人表明我们能够理解他们的想法，并感受到他们想法的强度和重要性。我们可以这样说："这肯定让你非常痛苦，我能理解你有多么愤怒和烦躁。"这些反馈往往可以让SP型人感到安慰，愿意分享更多信息；也可以取得缓解紧张气氛的效果，使SP型人在稍后面对我们的意见时包容能力更强。

如果不同意SP型人的批评意见或解释，我们仍然需要这样措辞："因为你的经历是这样的，因此我完全理解你做出这个结论的原因。"采取真诚、直率、认可对方观点的方法可以很好地处理 SP 型人感性的一面，这样才有可能找到统一的频率，就双方的分歧达成一致的解决方案。

如何缓解与温和 SP 型人的冲突

- 首次交流的提议不要打扰到 SP 型人。
- 询问一些非评判性的、自由回答的问题。
- 让 SP 型人充分表达自己的感受。
- 引导 SP 型人讲出自己的推理过程。
- 和 SP 型人分享自己对他们感受的理解。
- 认可 SP 型人的感受。
- 真诚、直率，不要对 SP 型人采取批评的态度。

4. 温和 SP 型人如何管理自己的情绪

（1）预先告知

在工作关系确立的最开始，SP 型人首先需要做的就是抽出时间与合作方深谈一次，告诉对方哪些行为可能会困扰和触怒自己。在冲突发生之前就谈论彼此对合作关系的期望听起来像是在浪费时间，但这些努力绝对是值得的，不仅提供了互相加深了解的机会，还减少了发生冲突后的沟通成本。

在介绍自己的情况时，双方要做到清晰明确，还要客观真实，尽量避免主观臆断。SP 型人说话的速度通常很快，有些细节，SP 型人如果觉得已经很明显的话就会省略不讲。因此，在沟通的时候，SP 型人要放慢语速，因为面对新的工作关系或者项目合作，任何事情都需要重新介绍，哪怕是很明显的部分也要清楚地说明。

在第一次深度交流的过程中，SP 型人还需要注意的就是认真聆听，对不正确的内容可以要求同事进一步澄清。SP 型人的思维具有高度跳跃性，有时可能无法全部认同和理解同事的意见，即使自己认为已经清楚的状况下也可能出现理解偏差。比如，如果同事提到"及时"对自己来讲非常重要，SP 型人可能难以理解，这时 SP 型人应该立刻询问："你能列举一些例子来说明什么叫'及时'吗？"

（2）即时反馈

SP 型人在预感到自己被触怒时，应该立刻将自己的情绪反馈给同事。SP 型人一般会尽量避免那些让自己不舒服或痛苦的感觉、对话，因此 SP 型人不愿意谈论自己愤怒的感受。这种逃避可能是无意识的，当愤怒开始出现的时候，SP 型人会尽量隐藏负面情绪，他们开始想象一些积极、有趣的事情，或者根本都没有感觉到自己的怒气。

这时 SP 型人首先要做的，就是确定自己此时此刻的真实情绪。因为只需集中注意力，SP 型人完全能了解自己是否心烦意乱，并评估出这种情绪是真实的还是表象的。

其次，SP 型人需要确认自己的思维是何时开始从一个主题跳跃到另一个主题的，应该扪心自问："我的情绪已经发生变化，是什么原因引起了我的不安和愤怒？"一旦 SP 型人意识到自己的确被某些事情困扰，应该采取行动，立刻与同事沟通，即时反馈自己的感受。尽管沟通和反馈的过程可能会让 SP 型人不舒服，但如果任凭这些负面情绪不断积累，最后可能无法解决。

（3）及时释放

当感到自己已经开始显露出愤怒情绪时，SP 型人不妨进行一些身体上的锻炼，起到转移注意力、释放负面情绪的作用。体育运动可以减轻 SP 型人由于愤怒而造成的焦虑和积累的负能量。在被痛苦的感觉困扰时，SP 型人的思维往往更加活跃，这时进行体育锻炼可以帮助他们把注意力集中到自己身上，从而放慢思考的步伐，让头脑更加清晰。身体运动之后，SP 型人可以在一个拉长的时间段内重新关注自己的想法和感受，并扪心自问："同事真的做了什么让我如此愤怒的事吗？我的反应和实际发生的事实有什么出入呢？"

（4）自我反省

当愤怒情绪开始从思维层面波及行动时，SP 型人应该控制自己的负能量，进行思维"复盘"，积极反省自己的行为。这时，SP 型人可以试着回答以下问题："我对所处环境或者同事行为的反应，是否说明自身存在的一些问题？自己在哪些方面需要改善？如何处理自己的情绪才能塑造最佳的自我？"

SP 型人需要多次询问自己上述问题，进行思维"复盘"，原因在于 SP 型人给出答案之后，可能会面临两种选择：在第一次回答了问题之后，因为觉得自己的答案非常有见解或者有趣，就停止思考；或者开始还在思索自身的问题，转而又考虑同事应该如何去做。认为同事的行为的确存在很多错误。

有时第一次脱口而出的答案是最好的，然而多次的自我"复盘"往往更加接近我们的内心，离真相会越来越近，得出最有见解的结论。另外，在自我发展的道路上，SP 型人需要专注于自身的问题，而不要偏离轨道，一味地指责别人的行为。

SP 型人控制愤怒最基本的问题是学会集中注意力。当发现自己无法将思维集中在某个想法、某项任务、某个人或某种感觉上时，SP 型人需要不断询问自己一个问题："现在自己的感受究竟是什么？是焦虑、沮丧、忧虑、痛苦还是愤怒？这些不良感受的起因是什么？我应该如何处理这些情绪？我要不要与同事进行一次开诚布公的谈话？"认真思索这些问题，可以深刻地影响和改变SP 型人。

SP 型人一定要记住，自己大部分不良感觉并不是别人引发的，虽然表面上看是这样。他们的负面情绪实际上是自己不安的内心和独特的性格引起的。明白了这点，SP 型人就能更客观地审视自己，也能更宽和地评价别人。

方略 3：压抑愤怒，积极回应排解不满

小熊，一位典型的劝说 NF 型人，生活和工作在上海，是一家大型企业管理咨询公司的合伙人。一次，小熊的客户，一家投资集团因为要在成都开设分支机构，需要找一位对当地企业运营环境相当熟悉的咨询师，小熊向公司推荐了成都分公司的合伙人小赵，这之前小熊对小赵的了解仅限于她在咨询领域的声誉。

整个咨询项目持续了 6 个月，小熊从小赵和客户那儿知道一切都进展得很顺利。在项目完成 1 月之后，有一天，小熊给小赵打了一个电话。

小熊很愤怒地说："我对你的行为感到非常生气，我们需要谈一下！"

小赵被小熊突如其来的质问搞得一头雾水，吃惊地问为什么。小熊回答道："我给你介绍了一个收入可观的项目，但是你却从来没有感谢过我！"

小赵回忆起自己不止一次地感谢过小熊，便问道："我不是告诉过你我有多么喜欢这个项目吗？我还向你征求过建议，而且也感谢过你的帮助。"

小熊的回应非常迅速："但是你从来没有感谢过我给你提供这个项目，给你带来了多么可观的回报。"

1. 容易触怒小熊的场景

小赵已经无意识地触怒了小熊，因为 NF 型人最反感别人把他们做的事情视为理所当然。尽管小赵认为自己已经表达了感谢之情，但在小熊看来，那些间接的"谢谢"远远不够，因为小赵从来没有明确表示"非常感谢你把这个项目给我做"这个谢意。小赵以自己对感谢的理解向小熊表示了谢意，却没有了解 NF 型人所需要的感谢是什么。小熊觉得自己的行为并没有得到应有的赞赏，他对小赵的感谢方式毫无感觉，因此非常生气。

NF 型人的给予背后常常隐藏索取，喜欢得到人们直接的承认与褒奖，那些拐弯抹角、没有任何实质意义的"间接"感谢，是得不到 NF 型人认可的。尤其是当 NF 型人感觉给别人带来了巨大的帮助，他们希望"直接"褒奖和感谢的意愿会越来越强烈，一旦这种渴望得不到实现，NF 型人会感到失望、沮丧、悔恨和懊恼，产生一种被人愚弄、利用和索取的感觉，最终会引发 NF 型人的愤怒。

小熊向小赵表达了自己的愤怒情绪后，小赵不但没有体悟，转而询问为什么自己多次的感谢都得不到他的认可，这种回应如同火上浇油，让小熊更加气恼："她竟然还是不理解我的感受。"小赵的回应第二次触发了小熊的愤怒，在两次被激怒后，小熊忍无可忍，终于爆发了。

NF 型人还有一个弱点：如果觉得对方没有认真聆听自己所讲的话，就会开始烦躁，尤其是在表达渴望、感受和需要的时候。这是因为 NF 型人往往非常关注他人的需要，因此当他们鼓起勇气提出自己的要求时，也希望得到自己曾经给予关怀的对方，给予自己诚心实意的关注和理解。如果这种在 NF 型人看来再合理不过的要求得不到满足，他们可能大发雷霆。

小赵不经意间触犯了小熊三个性格盲区，导致两人的冲突不断升级。

容易触怒劝说 NF 型人的场景

- 做的事情被对方视为理所当然。
- 不被欣赏。
- 自己的讲话没有被认真听取。

2. 小熊被触怒后的反应

当 NF 型人变得愤怒时，他们的情绪通常都经过了长期积蓄，而不是一时的感情用事，因为直接表达不满对 NF 型人来讲并不是一件容易的事。NF 型人需要对方给予褒奖和感谢时，会非常含蓄，不易察觉，因为他们希望与对方保持一种和谐的关系。他们会给予对方感谢的时间，如果在 NF 型人能够容忍的时间范围内，对方满足了他们的需要，他们会非常高兴，心中会萌发再次给予对方帮助的想法。如果超出了 NF 型人可以控制的时间点，他们的负面情绪会不断积累，终有爆发的一天。

NF 型人一般愿意表现自己乐观、大度、成熟和讨人喜欢的一面，因为他们希望成为人们心中的圣贤。但很多时候，人们通过推测仍然可以感受到 NF 型人的苦恼和不满，比如，NF 型人可能刚刚还表现得友好、包容，但突然间变得冷淡、漠不关心和少言寡语。然而，像上面所讲的这种变化，其中的含义有时也是模糊不清的，因为 NF 型人表现出来的冷淡可能是因为陷入了某种困恼中，也有可能仅仅是因为疲倦，或者对当时的谈话和事情毫无兴趣。

最后，如果 NF 型人希望与对方保持长期关系或者只是想让冲突尽早结束，他们也会向对方直接表达不满。在表达不满前，NF 型人往往会事先考虑要讲的内容，然后等待或者创造一个与对方交流的机会。谈话的内容包括自己的想法、感受以及对别人行为和动机的推测，就好像对方还没有意识到问题存在的时候，NF 型人已经对冲突下了定论。

在小熊的内心中，依然希望与小赵保持良好的关系，于是采取直接表达不满的方式。事先小熊已经设计好了表达不满的流程，组织好了谈话内容。在表达了自己的愤怒后，小熊就将这些内容传递给小赵，包括指责小赵野心勃勃、根本不领情，只为自己着想，并且指出小赵根本没有意识到自己具有这些不好的品质。

其实 NF 型人罗列对方种种不良的品质，在内心中他们可能并不这样认为。因为 NF 型人在与对方交往中，除了关注能力、技能和经验外，对交往对象的品质更加重视，包括道德、情感、良知、价值观等内在修养。如果对方缺少 NF 型人认可的优良品质，NF 型人是不会与这些人保持长期关系的。

NF 型人直接表达愤怒，不是为了中断关系，恰恰是为了修正和维持关系。

他们之所以会指出对方种种连自己都不认可的恶劣品质，其实是为了降低对方的心理防御机制，减少对方抗击自己的力量，产生一种"内疚和负罪感"，然后再慢慢引导，修正关系，最终化解冲突。

如果想与对方继续发展关系，大多数NF型人都会选择自己化解冲突的路径，采取直接表达不满的方式。当看到NF型人一改常态，向我们直接表达愤怒和不满时，请不要惊慌和恐惧，因为这是他们传递情绪和表达不满的一种方式，希望继续保持关系的信号。只要我们认真、耐心地与NF型人保持对话，一切冲突都能化解。因为NF型人的愤怒"来得快，去得也快"，只要我们能认真倾听，给予积极的反馈，也许明天他们已经将这些不满忘得一干二净。

劝说NF型人被触怒后的反应

- 长时间压抑自己的感受。
- 决定说点什么的时候往往情绪激动。
- 在表达不满前，会事先思考要讲的内容，包括自己的感受，自己为什么会有这种感受，以及对方哪些地方做得不对。

3. 如何缓解与小熊的冲突

上面已经提到，NF型人通常会自己选择处理冲突的时间和地点，问题在于我们如何接近这个倾向于自己发起对话，自行解决冲突的NF型人，来缓解矛盾，消解冲突。

这里仍然有一个突破点，就是上面说到的：我们只要敢于面对，采取谨慎、不冒昧的方式注意和关心NF型人的内心感受，认真聆听和积极回应，很多NF型人通常还是乐于接受的。因为他们采取自我化解的方式，就是要通过对话传递信息、抒发不满，达到解决冲突、维持关系的目的。

然而这种方式有时仍然会使一些NF型人处于尴尬地位，同时还要看对方是否理解、愿意接受和敢于面对NF型人发起的对话，因此这种方式具有不确定性，很难预料我们会接收到何种反馈。但这是缓解与NF型人冲突的一种方式，如果控制得当，可以从根本上解决问题。

另一种方式，就是主动与NF型人接触，寻找解决问题的办法。采取这种方式，刚开始可能会遭到NF型人的抵触，然而，即使NF型人还没有准备好接受你的提议来处理问题，他们通常也会在事后考虑一下，然后再回头找你做进一步讨论，只要给 NF 型人充分考虑和接受的时间，就能为下一步的深度沟通打好基础。因此，我们可以这样措辞："我注意到你最近没有平常那样放松，是有什么事情发生吗？什么时间你觉得方便，我很乐意和你谈谈，交流一下看法。或者只做你忠实的听众也可以。"这样的对话往往可以降低 NF 型人的心理防御机制，减少抵触感，给予他们思考和准备的时间，有效鼓励 NF 型人在准备好的时候愿意和我们讨论自己的内心想法，展开积极对话。

当 NF 型人准备好探讨问题，要与我们开启深度对话的时候，我们一般都能预测到他们的行为。因为这时的 NF 型人比较轻松，没有过度的抵触情绪，他们找到了一个可以倾诉的渠道，怒气已经消了一半。他们会滔滔不绝地说很多话，这时，我们只要认真聆听，中间不要插入或赞同或反对的评论，就会拉近与 NF 型人的距离，让他们不再疑虑，彻底放松。在倾诉过程中，NF 型人的愤怒又会消解一半，他们原本善良、包容和友好的特点又会浮现出来。

在 NF 型人讲完自己的全部想法之后，我们可以提出一些问题帮助澄清他们所说的内容，比如，"你为什么觉得这是我做的呢？"或者"你能不能告诉我为什么你会这样解读我的行为呢？"总之，NF 型人在尽情地诉说之后，通常会对别人的话具有更多包容，不再固执和主观地给予反驳。

在 NF 型人表达了自己的感受后，对于"现在我能不能讲一下我对这个事情的看法？"这个问题，他们的回应往往非常积极，绝大多数都是肯定答案："可以，请只管说吧！"这时因为他们感到自己被认可、被尊重、被承认，认为对方是真的听取和理解了自己所说的话。如果 NF 型人给出的答案是否定的，这往往意味着他们还没有倾诉完自己的感受，这个时候，我们应该进一步询问："你还有什么想说的吗？"

当 NF 型人做好了聆听我们观点的准备后，往往会全神贯注。这个时候，他们愿意接受我们这样的措辞："从我的观点来看……""我现在的想法和感受是……"这种措辞因为没有否定 NF 型人的观点和感受，只是表达了要得到他们理解的愿望，因此更容易被 NF 型人接受。

对很多 NF 型人来说，在双方互相尊重的前提下坦诚地说出自己的感受通常可以解决冲突。有时双方可能都需要对自己某些特定的行为做出一定的改变,但这些都可以在恢复和谐的关系后再继续进行。

要记住,NF型人是性情中人,喜欢凭直觉做事,很多时候,他们并不一定需要什么结果,他们倾心的是解决冲突的过程,一种坦诚、真实、尊重、理解和可以尽情抒发感受的过程。有时,还没等结果出现,NF型人的愤怒已经在倾诉和真诚交流的过程中被消解了。当你问他们"现在咱们看如何解决这个问题吧"时,NF型人会笑着说道:"不用了,问题已经解决了。"在NF型人的意识中,过程通常比结果更有意义。

如何缓解与劝说NF型人的冲突
・让NF型人尽情地诉说。
・向NF型人询问一些澄清的问题。
・和他们分享自己的观点。
・注意要积极回应,不定时地确认他们的观点。
・和NF型人一起讨论感受和想法。

4. 劝说NF型人如何管理自己的情绪

(1) 预先告知

在双方的工作或合作关系确立后,强调一下哪些行为可能会触怒自己。可能触怒NF型人的行为都非常相似。从本质上来说,NF型人喜欢被人需要、被承认、被感谢、被理解、被重视。然而,由于他们总是显得只付出、只向别人提供帮助,毫无寻求回报的样子,因为他们想做圣贤,圣贤是大公无私的。很多人会产生误解,把NF型人慷慨的给予看作理所当然。事实上,NF型人希望他人向自己直接、清晰和明确地表达感激之情。

绝大多数NF型人都不会告诉别人自己喜欢被人需要和赞赏,尤其是在工作关系刚刚确立的时候,他们希望树立自己无私的形象,希望与对方建立和睦的关系,认为在工作环境中说出自己的私人感受会让双方感到尴尬。不过,NF型人完全可以通过讲故事、作比喻或举例子的方式向别人说明自己内心的想法,比如在鼓励对方说出了自己讨厌的行为后,NF型人可以这样介绍自己:我的一个很重要的原则就是每个人都能得到他人的礼貌关照和尊重,具体就是在要求别人做某事时说"请",在别人完成工作或任时清楚地和对方说"谢谢"。我会这样对待别人,也希望别人这样对待我。

（2）即时反馈

在合作关系开始后，如果意识到自己被对方触怒，应该立刻告诉对方。NF型人如果担心说出自己的感受，很可能也会伤害或激怒对方，二者都不是他们想看到的结果。因此，下面的观点对NF型人来说非常重要：在感到愤怒时立刻与对方分享自己的感受，不仅可以帮助对方意识到自己的行为所造成的影响，还能使双方之间的关系得到进一步发展。同时，分享感受也能帮助自己在建立关系之时学会如何向他人表达内心的需要。

（3）及时释放

在感到自己已经开始显露出愤怒情绪时，NF型人不妨进行一些身体上的锻炼或者出去走一走。对NF型人来说，体育运动非常有帮助，因为这样他们就可以开始真正关注自己，而不会再把注意力都集中在他人的需要上。NF型人开始关怀自己的时候，往往不再像以往那样需要他人的肯定和欣赏。

当情绪低落、沮丧和愤怒的时候，进行适当的体育锻炼可以给NF型人提供一个"阵地"，在锻炼时，他们开始关注自己的身体，而不再是内心的情感和想法，同时也可以重新思索一下自己的愤怒情绪，形成新的观点。

（4）自我反省

当感到被触怒时，NF型人可以试着回答以下问题："我对所处环境或者同事行为的反应，是否说明自身存在的一些问题？自己在哪些方面需要改善？如何处理自己的情绪才能塑造最佳的自我？"

这些问题可以帮助NF型人把从别人身上转移到自己身上。因为问题的关键不是别人需要学习什么，而是NF型人需要自我反省。注意力的转变会让很多NF型人感到震惊、不适应，他们可能需要一遍遍地向自己重复上面的问题。绝大多部分时间，NF型人的答案可能是：我渴望被人欣赏，或者我渴望被人需要，而对方在这方面却没有满足我。不管最初的答案是什么，NF型人都需要更深层次地剖析自我，扪心自问："为什么被人需要如此重要？即使没人欣赏或者没人需要，我的生活又会有什么不同？"

不断询问自己通常会使NF型人意识到问题的起因在于：给予的目的往往是要获得回报。NF型人的这种目的往往是隐含的，有时连他们自己都没有察觉到。他们希望得到回报，比如说别人的尊重、表扬、认可，或者被人认为是不可或缺的，甚至有时希望得到别人的敬畏，这种心理被称为"操纵欲"。

"操纵欲"指的是在对方还不太清楚或者不同意的情况下，要求别人做某事或者决定他们的行为。尽管很多 NF 型人都不喜欢"操纵欲"这个字眼，但有时他们看起来像是在为了给予而给予的伪装之下，实际上却是为了得到而给予。认识到这一点的确会给绝大多数 NF 型人带来烦恼和忧虑，但更多的是启迪和引导。

方略 4：通过理性的对话抒发怒气

小钱，一家大型律师事务所的合伙人，典型的实干 NF 型人，工作努力、业绩突出、成就非凡。作为奖励，律所罗主任决定提小钱，任命他为金融法律业务部负责人。

罗主任知道律所其他业务部的负责人都很尊重小钱，基于这些考察结果，罗主任认为这对小钱是一个完美的职位，一定能发挥他的才能。

金融法律服务是公司的新业务，部门成立不到 6 个月，部门的律师个个毕业于国内顶尖的法学院，他们天资聪明，能力很强，只是精力不够集中。而小钱将会成为他们的榜样，会给这个团队注入新的活力。罗主任认为，这次任命小钱肯定会不胜感激，这对罗主任来说也是一个双赢的局面。新部门成立不久，罗主任有足够的时间来培养小钱，让他以后能够担当更重要的职务。

然而当罗主任将自己的决定告诉小钱时，他的反应既不激动也不热情。罗主任说："我决定任命你为这个部门的负责人，相信你肯定可以胜任这个工作。"小钱却完全被惊呆了，尽管他很满意罗主任对自己工作的肯定，但是这种想法很快就消失了，取而代之的是想到自己马上将要面临的挑战。小钱非常了解这个新部门的 9 个成员，其中 2 名既有能力又有动力，还有 5 名能力很强却缺乏主动性，剩下 2 名虽然很有进取心，但却缺乏工作所需要的基本技能。

小钱设立了行动目标，竭尽全力管理整个团队。然而，只有一半的成员工作非常努力，剩下的一半好像更热衷于社交，而不是完成任务。他们知道如何工作，小钱甚至给他们演示过相应的工作方法，但他们好像不感兴趣，没有把工作当回事。最终的状态是，小钱和另外 4 名律师做了绝大部分工作。对此，小钱非常生气，一团怒火好像随时要爆发，更为严重的是，小钱将这种不满迁怒到罗主任身上，认为这一切都是他造成的。

1. 容易触怒小钱的场景

本来罗主任是为奖励和培养小钱，但事实上却给小钱带来了很多压力。罗主任决定提升小钱做新业务部门负责人的表达方式，让小钱没有办法拒绝。罗主任是这样表达的："我决定任命你为这个部门的负责人，相信你肯定可以胜任这个工作。"这让小钱感到一旦自己拒绝这个职位，就等于说自己不愿意被提升。如果罗主任换一种措辞："你愿意担当这个职务吗？"那么小钱还有推辞的余地："过段时间应该更合适，现在还不是一个好时机。"对小钱来说，罗主任并不是来征求他的意见，而是一厢情愿地直接通知他已经是新部门的负责人。

新部门负责人的职位并不能吸引小钱，因为他已经很清楚地知道新部门只有一部分成员可以担当重任，而剩下的人可能把事情搞得一团糟，最后还会弄得自己颜面尽失。另外，在一开始，小钱就感到自己根本没有任何办法可以让所有成员都认真工作，表现良好。更让小钱忧虑的是，成为新部门领导后的表现会给罗主任留下什么印象呢？小钱当然很在意这个问题，但同时也非常看重整个律所怎样看待自己的能力。总之，NF型人通常会尽量避免那些不能很好地表现出自己专业水平的场合。

小钱觉得自己很可能会因为部门同事拙劣的表现受到指责和嘲笑，至少也会被要求承担领导责任。考虑到整个部门的工作能力和工作动力，再加上自己不愿面对失败的个性，小钱已经清楚地预见到自己将会承担部门中的绝大部分工作，这是他最不愿看到的情况。

在小钱看来，罗主任提供的这个职务不仅会把自己淹没在工作中，还要整天面对状态不佳的同事，而且他的辛勤劳动也不可能获得任何回报和赞扬。在这种情况下，面对罗主任的一片苦心，小钱反而感到了无穷的压力、沮丧和苦恼，他不能对罗主任诉说，也不想把自己的痛苦展现给部门同事，只得不情愿地面对现实。罗主任强加给他的压力，新部门混乱不堪的现状，两次不满叠加在一起，终于引发了小钱的愤怒。他觉得自己陷入了一个进退两难的境地：如果同意，将要面对失败的痛苦；如果拒绝，会影响自己的职业发展。

容易触怒实干NF型人的场景

- 被安排在一个可能失败的工作或位置上。
- 对方看起来不是很专业，敬业心不强。
- 因为别人拙劣的表现而受到指责。
- 不会因为所做的工作而获得赞扬。

2. 小钱被触怒后的反应

罗主任根本不了解小钱的烦恼。在听到罗主任决定提拔自己的通知时，小钱只是专心地听着，然后提出了一些有关部门工作计划和时间安排的问题。罗主任的确感觉到了小钱的担心，但却认为这都是因为小钱太想尽职尽责地把工作做好的缘故。

像很多NF型人一样，小钱没有直接表现出自己的不开心，他平静、自信的外表把内心的忧虑完全遮蔽了。

在后来的工作中，小钱既没有向罗主任抱怨过某些成员的表现，也没有表达过因为管理这样一支团队而带来的紧张情绪。罗主任也注意到小钱总是显得非常疲倦，尤其是在一个为期6个月的法律服务项目快要结束的后2个月里。罗主任开始关注新部门的表现，然后向小钱提出了自己的问题："看来部门中有些成员工作非常努力，而另外的就不太认真了。你能告诉我谁对项目的完成做出了自己的贡献，而谁又没有呢？"

小钱的回答让罗主任非常吃惊："每个人对任务的完成都做出了应有的贡献"，然后开始列举每个成员所做的成绩。尽管小钱对某几个成员的表现非常不满，但在这种情况下，他不可能向罗主任说出事情的真相。

小钱掩盖真相的原因主要有以下几点：

第一，这是NF型人共同的特点。无论是贡献型还是实用型人，他们都有一颗善良、包容、正直和宽容的心，不忍心看到团队成员被公司指责和批评。因为NF型人想成为圣贤，而成为圣贤的一个标准就是"包容和容忍"。

第二，NF型人渴望人际关系的和谐，当罗主任向他了解情况时，好几个同事都在附近，他们的谈话肯定会被听到。小钱估计如果自己向罗主任抱怨某些成员的表现，那么整个部门都会相互猜忌、生气受挫而感到愤怒。不仅会影响他们的积极性，还可能破坏整个团队关系的和睦。

第三，NF型人非常自信，喜欢得到别的人尊敬、肯定和赞扬。小钱认为如果告诉罗主任哪些成员表现不好，他们会认为是自己在向公司告密，这种不符合领导身份的行为会导致他们的愤怒、厌恶和蔑视，后果就是整个部门更难领导。

第四，NF型人很正直，喜欢换位思考。小钱觉得既然自己不希望别人在领导面前贬低、毁谤自己，那么团队成员肯定也是这么想的。

因为罗主任在公开场所询问小钱这个问题，使他再一次陷入了进退两难的境地。他的不满、苦恼和愤怒越来越强烈。

对于部门某些成员的失望肯定会随着日后工作的继续日益加强，小钱心中的挫败感和愤怒也会不断积蓄。假设稍后罗主任再次任命小钱出任一个也存在问题的部门领导，小钱肯定会不假思索地拒绝，声音尖锐、短促，受到震惊的罗主任这才意识到有些事情真的做错了。

实干NF型人被触怒后的反应
- 会不耐烦地询问一些简单的问题。
- 不愿意告诉别人自己的烦恼。
- 压抑情感，尽量使身体语言不要泄露自己的内心感受。
- 随着时间的流逝，他们的声音会变得尖锐。
- 随着时间的逝去，他们的话越发简略。

3. 如何缓解与小钱的冲突

如果NF型人很明显地表现出了愤怒或忧虑，那么说明这些情绪已经在他们的内心里积蓄了一段时间。在一个私密的环境中，首先确认NF型人当前没有面临过多的工作压力，然后再友善、清楚地询问他们愤怒或忧虑的原因，这时的NF型人往往愿意敞开心扉，诉说缘由。

记住，如果在公众场合向NF型人询问上述问题，局面往往会非常尴尬，因为这破坏了NF型人要在大家面前保持积极一面的愿望。如果NF型人正忙于工作，临近最后期限或者面对其他压力时，他们一般不愿意花时间探讨自己的情绪问题。因此我们要想接近 NF 型人，应该选择一个合适的时间和环境与 NF 型人交流，可以这样措辞："看起来好像有些事情困扰着你，如果我有什么地方做得不对，我非常希望你能告诉我。"

对于我们提出的问题，一些 NF 型人可能仍然不愿意承认有些事情困扰着自己，也有一些 NF 型人虽然承认问题的存在，但却不愿意立刻开始探讨。不管怎样，即使 NF 型人根本不想谈论这些事情，只要给他们时间，NF 型人也会在私下从更深层次思索相关问题，这种自省为日后进行富有成效的谈话开辟了一条道路。有时候，NF 型人会自己提出讨论的意愿；或者我们也可以过一段时间，最好在一周后，再次询问他们的意见："上一次我问过是否有什么事情困扰着你，你说没有。但我现在仍然能够感受到你的忧虑，愿意和我谈一谈吗？"

有些 NF 型人可能完全清楚自己正在生气，有些则感到不安但却不知道为什么，也有一些过于忙碌、专注于工作、活跃的 NF 型人甚至没有意识到自己的烦乱。因而，一个不要求对方立刻回应的简单提议可以让 NF 型人好好思索一下自己的感受。一旦 NF 型人完成了自我评估，他们会自己提议做进一步的交流。如果没有，我们也可以重提话题："能否和我谈一下你头脑中的想法？"如果这样提议两三次也没有得到 NF 型人的肯定回应，我们就适可而止，因为如果 NF 型人不愿意谈论这个话题，多次询问往往会使他们非常焦虑。

如果觉得事情有可能得到解决，绝大多数 NF 型人还是愿意面对和处理冲突的。因此，只要以解决问题为目的，达成积极效果的可能性就比感情用事要高明得多。对 NF 型人来说，解决问题意味着要关注三件事情：第一，从发生的结果来看冲突所带来的影响；第二，以理性的态度分析冲突的基本起因；第三，也是最重要的一点，就是采取什么方法可以解决这个问题。总之，强调问题能够解决的一面非常符合 NF 型人"只要对工作和达到目的有利，一切皆可为"的处世态度。

为了更加清楚地理解哪种交流方法更适合 NF 型人，我们举两个例子来说明，这两个例子的背景都是 NF 型人没有通知团队中一个成员参加某个重要的客户会议。

场景一：那个被遗漏的成员面对 NF 型人时情绪非常激动。

昨天你和客户会面，却没有通知我，我感到非常生气。这些客户是我们大家的，不是你一个人的。你这样做不但会影响我和客户之间的合作，还会破坏项目的顺利进行和我们关系的进一步发展。你究竟是怎么想的？你为什么要这样做？如果我们之间有什么问题，那就公开谈一谈吧。只要彼此都完全诚实，我们才有希望解决这个事情。

上述这种方式很可能导致 NF 型人不会再静下心来思考自己内心深处的想法，而是开始自我保护转而指责对方。尽管很多 NF 型人都欣赏直爽和诚实，但是这种情绪化的方式却要求 NF 型人立刻开始对彼此的关系进行一次紧张的、非理性的探讨，这不是 NF 型人所喜欢的。通常情况下，NF 型人更喜欢快速解决问题，从而使双方的工作关系变得更有成效。因此 NF 型人会尽量回避检视自己内心深层感受的要求，这并不是他们不愿意探讨这些难以解决的感受，而是只有他们自己觉得有需要时才愿意彼此交流。NF 型人讨厌来自别人的硬性要求。

对于别人的指责，NF 型人非常敏感。在第一个场景中，情绪化的措辞暗示着 NF 型人犯了错误。NF 型人这么做有可能是无意识的疏忽，也可能是有意的，无论哪种情形，面对别人的指责，他们都会开启自我保护和自我防御的模式。

场景二：那个被遗漏的成员面对 NF 型人时情绪客观冷静。

昨天你独自和客户会面，这样做的后果是，他们有可能意识不到在所完成的工作后面是一个团队在辛勤地为他们服务，也可能让他们感到团队成员之间的关系比较紧张，最终的结果是对团队和公司失去信心。如果这只是你的疏忽，情况应该很容易弥补。如果是因为我的表现引起了你的某些误解，我很愿意彼此交流，了解你的感受。不管是什么原因，我和你一样，都愿意快速有效地解决问题。你怎么想呢？

这些措辞更加客观，NF 型人可以完全按照自己的想法来决定说什么。面对一个开诚布公的解决问题的提议，绝大多数 NF 型人都愿意分享自己的想法、感受和观点，同时也会提供一些解决问题的建议。

如何缓解与实干 NF 型人的冲突
- 在私密的环境中向 NF 型人友善、清楚地表达。
- 确定 NF 型人当前没有过多的工作压力。
- 语气不要带有强烈的情绪色彩。
- 使用理性的、能够解决问题的方法。

4. 实干 NF 型人如何管理自己的情绪

（1）预先告知

在双方的工作或合作关系确立后，强调一下哪些行为可能会触怒自己。同时在对话中告诉对方自己愿意为促成有效成功的工作关系做出努力。一个有效的开场白可以这样措辞："因为刚刚开始一起工作，我觉得如果能够了解你喜欢的工作方式肯定会对彼此的合作有所帮助，尤其是你喜欢什么，不喜欢什么。这样，我就可以相应调整自己的行为，当然，我也愿意和你分享自己的一些喜好。"

在轮到自己分享喜欢的工作方式时，NF 型人可以这样介绍："我喜欢和非常有能力、有责任感的人一起工作。所谓'非常有能力'是指工作技能熟练，同时不断改善自己的表现，最终能够高质量地完成任务。我个人觉得每个人的表现都会给整个团队带来或积极或消极的影响。我不愿意自己忙得要死的时候，环顾四周，发现别人却没那么努力。"

（2）即时反馈

在合作关系开始后，如果意识到自己被对方触怒，NF 型人应该立刻告诉对方。忙碌的 NF 型人根本不愿意和别人讨论自己的感受，但要记住，花费这个时间是值得的。事实上，在问题刚刚出现时就着手解决所花费的时间和精力会大大降低。一个和善、直爽的询问，比如，"你有时间谈论一下刚刚发生的那件小事情吗？"即使反馈会为成功的交流开辟道路。

（3）及时释放

在感到自己已经开始显露出愤怒情绪时，NF 型人不妨进行一些身体上的锻炼或者出去走一走。对 NF 型人来说，体育运动非常有帮助，因为这样他们就可以暂时不用考虑工作。同时为了充分利用这段"休闲时光",最好从事一些能给自己自省空间的运动。比如散步、瑜伽或者徒步旅行。NF型人可能会被一些需要竞争的体育运动吸引,比如篮球、羽毛球、拳击等,但是这些运动需要全身心投入,这样的话,NF型人就没有时间考虑自己的感受了。过于紧张和对抗性强的体育运动可以消除NF型人的愤怒,他们甚至觉得没有必要再处理自己的情绪,然而这并不能真正解决问题,NF型人也失去了自我反省的机会。

(4)自我反省

当感到被触怒时,NF型人可以试着回答以下问题:"我对所处环境或者同事行为的反应,是否说明自身存在的一些问题?自己在哪些方面需要做出改善?如何处理自己的情绪才能塑造最佳的自我?"

NF型人应该认真考虑一下其他人的行为和自己的成功或者失败究竟有什么关系,这个问题也是他们经常对别人发表负面评价的关键。发生以下情况的时候,NF型人都需要反思一下:面对情绪不好的人,觉得他人在和自己竞争,看起来不是完全可以胜任工作,讨厌经常失败和不自信的人,等等。

NF型人应该经常问自己一些问题:"为什么显得成功对我来说如此重要?如果成功不再是我追求的目标,我又会有什么不同?我的想法、感受和观点会改变吗?如果我不再专注于给别人留下深刻印象,生活和工作会发生什么变化?"

方略5:什么也不说,含蓄轻松地缓解冲突

小冯,一名战略NT型人,曾经在一所大型科研机构当过10年的行政主管,主要负责科研机构办公空间的物业管理工作,她很喜欢这份工作。小冯的工作职责包括确保所有的办公系统运转良好,比如供电、供暖、网络等。因为有部分空间对外出租,小冯还要考察承租人的情况、规划各个办公楼的后勤工作和租赁事宜,以及其他很多行政事务。小冯并不想为一些偶然发生的紧急情况而24小时待命,然而她在夜间或者周末却总是不得清闲,不过是一些偶然发生的小事,比如警报系错误报警,网络突然中断等。尽管如此,小冯还是很满意这份工作的稳定性,以及与不同人打交道。

> 生而不同：
> 从MBTI走出的职场潜能者

一个星期天的早上，小冯正打算与家人一起去爬山，保安却打来电话："4号科研楼前的一棵高大的古树倒了，尽管没有人受伤，但这棵古树正好倒在大门前面。"4号科研楼基本上都是外租的创业公司，每年都给单位带来可观的租金收入。而且这属于后勤维护问题，如果这个危险得不到解决，租户们周一早上就没办法安全地进入办公楼。

小冯只得开车赶到单位，查看了相关情况后，她意识到必须立即采取行动。但是小冯从来没有处理过这种突发事件，她不知道应该找谁帮忙。打了几个电话之后，小冯了解到有些专业的移树公司可以处理这种情况。她先后联系了7家公司，却只有一家公司周末办公。考虑到事情的紧迫性，小冯决定与这家公司合作，让他们尽快赶到单位与自己会合。

几个小时过去了，大树被安全移走了，移树公司的工头走到小冯面前让她支付相关费用。小冯感到很意外，她本来认为账单应该是邮寄到自己单位的。当小冯问需要支付多少费用时，对方犹豫了一会儿，突然冒出了一个价钱：4000元。

小冯觉得费用太高，对方回应说："因为这棵树比较高大，另外周末工作也要加收额外费用。"小冯给他签了一张4000元的支票，然后开车回家。在回家的路上，小冯开始紧张、愤怒，心想："我被骗了，难道那个人觉得我是一个傻瓜吗？"在接下来的5天里，小冯越想越生气，她知道周末工作的费用是比较高，但4000元也太过分了，她本来的预算是不超过3000元。小冯考虑是否要回这张支票，但觉得这样做太冒险了；她担心主管领导在审查月度预算时发现无法交差。但最后决定还是等事情发生了再处理吧，说不定领导没有注意呢。

两个星期过去了，小冯还在为那4000元烦闷。一天，行政经理老马审查完预算后问起了这张账单，小冯承认了自己受骗的事，她解释说其他公司周末都不上班，而大树必须尽快移走，如果租户星期一早上无法进入办公楼，单位的损失肯定大大超过4000元。

当被问到为什么没和这家公司沟通欺诈的事情时，小冯的回答让老马大吃一惊，她说："我提出异议了！我问过他为什么费用这么高？"

老马回应道："小冯，那不是异议，充其量只是一个问题。你为什么不告诉那个工头价格太高，你当时不能支付，等周一再与他们的负责人沟通这件事。你本来可以给自己多留点时间，单位也可以只给他们一个合理数额的支票。"

小冯感到委屈和愤怒，她想不出该如何回答。最后说："总之，我尽了全力。"然而，小冯的内心充斥着双倍的怒火，她的愤怒不仅源自工头的欺诈，也包括老马的行为，领导没有考虑自己的努力，也没有提供相应的支持，还将自己置于难堪的境地。

几个月过去了，小冯还在因为工头、老马而生气，同时她也生自己的气。

1. 容易触怒小冯的场景

星期天早上接到保安的电话后，一向镇静的小冯开始担忧。她放松的周末就这样因为一件意想不到的事情而化为泡影，而自己还必须立刻处理问题。NT型人通常都特别享受休闲的时光，喜欢与家人在一起，讨厌别人破坏这放松的一刻，打破这种宁静与和谐。这是第一件让小冯不高兴的事情。

小冯还把这个事情的发生看作是对自己私人时间的不经协商的侵占。NT型人讨厌被人教导该如何行事；尽管是一项工作而不是别人侵占了自己的时间，但是小冯感觉就像是别人发出了一个令她不快的指令，这仍然让她气愤。这是第二件让小冯不高兴的事情。

从移树工人开始工作到最后移走大树，小冯和工头以及工人的交流都非常有限。她本来以为工头会首先研究操作流程，然后向自己说明所需时间、如何收费等。然而，工头在见到小冯之后所说的全部内容不过是："就是这棵树？"

还没等小冯开口问一些问题，工头已经开始指挥工人干活了，同时亲自上阵用链锯开始锯树。这个工作当然很危险，噪声也很大，小冯只能远远地站在一边。她想等工作完成后再和工头讨论相关事宜，但事实上，他们最后所说的就是有关费用的那几句话。这些非常有限的交流让小冯觉得自己被忽视了，这是第三件让她不开心的事情。

在简单讨论费用的过程中，小冯觉得工头的态度非常粗鲁。本来NT型人完全有能力和所有人建立和谐的关系，但是工头却好像对任何交流都不感兴趣，这让小冯非常沮丧。另外，小冯还觉得工头在回答自己的问题时过于简略，用三言两语就把自己打发了。总之，小冯得出结论：这个工头态度非常粗鲁。这是第四件让她生气的事。

一般来说，很多人的愤怒在碰到三件或者更少的不开心的事情后就会爆发，但对NT型人来说，却可能需要四件或者五件。

小冯还感觉到工头心中潜在的敌对态度。尽管她还想继续讨论费用问题，但却不愿意和工头爆发冲突。小冯设想，如果自己直接指出工头的欺诈行为，他肯定会表现得高度紧张并开始发火。NT型人通常都会尽量避免或者缓解冲突，因此小冯决定不再对工头多说什么。

小冯一想到移树费用就愤怒不已，这个收费太过高昂，超出了小冯的预期。而且小冯觉得那个工头乘人之危，知道自己在紧急情况下不得不接受他的出价。工头在说出价格之前犹豫了一下，小冯相信他肯定说了一个能收取的最高价格。尽管所有类型的人在这种情况下都会感觉受骗，但是NT型人尤其觉得烦躁、沮丧和愤怒，这是小冯怒火爆发的基本原因。

让小冯越发愤怒的是，主管领导竟然质疑自己处理问题的方式，完全忽视了自己的困难和努力。

8年过去了，现在小冯已经是一家房地产集团的行政总监了，但小冯每每想起或者提起这件事，总会气愤地说："我根本不应该给他那笔钱！"

容易触怒战略NT型人的场景
- 平静、和谐的生活被打断。
- 被人指点该怎么做。
- 被忽视。
- 对方态度粗鲁。
- 公然的对抗。
- 被人欺骗。
- 被质疑。
- 没有支持的感觉。

2. 小冯被触怒后的反应

当感到愤怒时，NT型人通常什么也不说。别人通过他们的身体语言也看不出任何异样，但是 NT 型人轻微的面部紧张还是会泄露他们的内心：眼睛会微微地来回转动，嘴角也有稍稍的扭曲。尽管小冯因为工头和老马的行为非常生气，但是他们谁也没有感觉到。

通常情况下，NT 型人不会立刻意识到自己心中的不满；稍后他们在考虑这个问题时，才会感觉到自己紧张甚至愤怒的情绪。小冯对工头欺诈行为的反应就是这样，她当时还不觉得什么，只是认为这不合理；但在离开单位后细细一想，才深知自己被骗了。NT 型人想得越多，就会变得越愤怒。

NT 型人的怒火往往是慢慢燃烧的。有时，他们可能非常清楚自己负面情绪的起因，就像小冯一样。有时，NT 型人虽然了解自己的不开心，但却不知道自己为何生气。比如 NT 型人本来是因为同事的行为而感到愤怒，但却会向另一个无辜的同事发火。这种脾气暴躁的行为与 NT 型人平常亲切、随和、友善的表现简直是天壤之别，会令无辜者非常困惑。如果这时同事鼓起勇气问 NT 型人"你为什么对我发火"，NT 型人才会注意到原来有一些事情在困扰着自己。

MBTI 四种类型的人都会把真实的情感发泄到和自己情绪不相关的事情和人身上，NT 型人尤其如此。有时候别人什么都没做，或者做了一些无伤大雅的事，或者像老马一样，只是以小冯主管的角色常规性地询问一些问题，提出一些建议。在老马看来，这是自己的职责所在，再正常不过了。但小冯却不这样看，她认为这是老马的故意刁难。遇到这种情况，NT 型人就会不由自主地将愤怒发泄到这些人身上，这都是他们否认自己真实情绪的结果。

当 NT 型人真的意识到自己的愤怒时，他们就开始了一个循环往复的思考过程：回想整个事情的发展以及和别人的对话，仔细研究自己当时的反应，假设自己说出不同的话或者做了不同的事，结果会有什么不同，然后再次变得愤怒。这个周而复始的过程会不停重复，几个星期、几个月甚至几年。

其他类型的人也会被自己愤怒的情绪长期困扰，比如谨慎者（C 型人）和 NF 型人，他们也会在脑海中不断重复那些触怒自己的事件，一旦想清楚了，这种连续的思路过程就会停止。然而 NT 型人并非如此，他们会在脑海中不断重现事件的发展经过，重新分析原因。但是整个过程并不是连续的，而是断断续续，中间夹杂着别的需要他们注意的问题。这种旷日持久、拉长的、偶尔重新体验的过程，说明了为什么 8 年过去了，小冯还在为此事生气。

战略 NT 型人被触怒后的反应

- 什么也不说。
- 紧张的面容会泄露他们愤怒的情绪。
- 可能自己都没有意识到心中的愤怒。
- 将怒气发泄到不相关的人身上。
- 愤怒会在心中保留很长时间。

3. 如何缓解与小冯的冲突

接近处于愤怒中的 NT 型人最大的挑战在于：很多 NT 型人都没有意识到自己内心深处的愤怒和委屈。一般来说，NT 型人很少关注自己的感受，尤其是感受中夹杂着愤怒的时候。愤怒、冲突与不和谐往往让 NT 型人感到不安，因为这会威胁到他们最为看重的人与人之间和谐、友善的关系。

小冯和两个人之间发生了冲突：工头和老马。工头应该清楚自己行为触怒了小冯，但他根本不在意。而老马却不了解自己的言语带给小冯的感受，如果老马知道的话肯定会表示关心。

老马作为领导可以直接询问小冯的感受，但一定要给她提供足够自由、不受束缚的回应空间。比如，老马可以这样询问："你为这件事感到心烦吗？"其中，老马用"心烦"一词取代了"愤怒"，因为"心烦"这个词相比较而言没有那么直接，不会让小冯觉得这是一种对抗。即使小冯给出的答案是"不"，接下来的谈话也有助于她进一步探索自己真实的愤怒感受。老马接着可以这样说："嗯，我感到你的声音比平时尖锐多了"，或者"如果这件事发生在我身上，我肯定气得不行了"。都可能会引出关于小冯感受的更多信息。

听完小冯的感受以后，老马肯定想接着讨论当时采取哪些做法会更加合适，但这种探讨应该以彼此协作的方式进行。老马应该首先征求小冯的意见："现在回头想一想，在那种压力下，还有没有别的做法既能解决问题，又不会触怒工头？"这样，在小冯回答之后，老马就可以附加一些自己的看法。

有时 NT 型人可以清楚、有力地描述出自己愤怒的起因和发生的时间。比如在老马和小冯的对话中，小冯本来愿意讲述自己对工头的愤怒感受以及事情的发展经过，作为老马，如果想了解小冯的真实感受，他所要做的只有一件事：聆听。

在充分听了 NT 型人所说的内容之后，一些后续的小问题可以帮助双方确认还有没有别的事情忘记讲了。比如，NT 型人抱怨说自己之所以生气，是因为工作没有按照约定的期限完成，这时我们应该追问一句："还有没有别的事情让你心烦，相关的或者不相关的？"

一旦 NT 型人完全、直接地表达了愤怒，一句肯定的评价就能带来非常不错的效果："非常感谢你愿意分享自己的感受，我真的很赞成你这么做。"直接表达愤怒对 NT 型人来说非常困难，因此我们要赞扬他们这种敢于面对挑战、敢于正视自己的行为，鼓励 NT 型人未来继续这样坦白。赞扬传递给 NT 型人的信息是这样的：发生冲突并不一定会让双方的关系变得紧张或者疏远，直接交流会让彼此更加亲密。

如果我们认真聆听了 NT 型人的感受并给予认可，那么他们会更加愿意接受我们对于事情的不同看法。有时面对一个简单的要求"我能说一下自己的感受吗？" NT 型人就已经做好了听取别人观点的准备。

从 NT 型人的性格特征来看，他们通常都能接受人们对于同一种形势的多种观点，因为 NT 型人在与人交流时，很喜欢陈述多种观点；然而在发生冲突时，只有在他们没有遭到对方否定的时候，NT 型人才乐意接受别人的观点。这并不意味着我们必须同意 NT 型人的观点，但是一定要对他们的看法表示尊重，创建一个和睦、平等的交流环境。比如，可以措辞："你讲的内容很有用。尽管我的本意不是这样，但我能理解你为什么会有不同的看法。"

> 如何缓解与战略 NT 型人的冲突
> ·亲切、简单地询问他们为什么生气。
> ·询问时采取含蓄、轻松的方式。
> ·全面而认真地聆听 NT 型人的解释。
> ·肯定 NT 型人直接表达愤怒的行为。
> ·在认可 NT 型人感受的基础上和他们分享不同的观点。

4. 战略NT型人如何管理自己的情绪

（1）预先告知

在双方的工作或合作关系确立后，强调一下哪些行为可能会触怒自己。不用鼓励，NT型人就很乐意在工作关系确立之初，花点时间与对方建立和谐的关系。他们比较喜欢使用放松的方式进行交流，比如，停在某人的办公室门前闲聊几句，午饭时谈一些和工作相关或者不相关的事情等。

但是在讨论哪些行为可能触怒自己时，就应该考虑一下措辞和针对内容。NT型人通常会向同事提出一个不受限制的邀请，比如"为了建立富有成效的、和谐的工作关系，你是否愿意花几分钟谈一下各种对彼此行为的期望？这样能帮助我们加深了解，更有利于工作的开展"。

如果NT型人要介绍令自己不满意的行为，可以这样措辞："和工作相关的所有决定和会谈，我都希望能够参加，当然我也希望所有相关的人都一切参加。"这样措辞的效果比"我不希望被忽视"好一些。同样，NT型人想表达"我不喜欢被人指点该怎么做"时，可以这样说："如果想让我做些什么事，我希望对方提出诚恳的请求，而不是生硬地要求或者隐藏的期望。事实上，我能够为工作如何完成以及何时完成做出自己的贡献。"

（2）即时反馈

在合作关系开始后，如果意识到自己被对方触怒时，应该立刻告诉对方。这对NT型人来说有些困难，原因有三点：

第一，NT型人可能意识不到自己的不满。然而如果他们开始注意自身的情绪和反应，就能充分感到自己的紧张和愤怒。这时NT型人需要认真思考究竟什么才是自己愤怒的起因，千万不要贸然把怒火发泄到不相关的人或事情上。

第二，当NT型人意识到自己的愤怒时，他们可能什么也不说。深怕引发冲突。事实上，NT型人应该认识到，在问题发生的第一时间进行交流可以减少冲突的发生。这种坦白还可以建立彼此之间和谐、互信的合作关系。

第三，NT型人也许本来打算说点什么，但总是拖延交流的时间。要么感到时机总不对头，要么不知道该如何表达，要么被其他一些紧迫的工作拖住了。因此NT型人需要下定决心，在事情发生后立刻采取行动，和对方交流。虽然这样做会感到有些尴尬，但远比问题堆积后再处理简单得多。

（3）及时释放

在感到自己已经开始显露出愤怒情绪时，NT型人不妨进行一些身体上的锻炼或者出去走一走。和其他三种类型的人一样，NT型人也可以通过体育运动舒解心中的愤怒。但需要注意的是，不能通过身体运动来避免冲突。运动可以抚慰NT型人的心灵，但也可能导致他们完全忘记那些困扰自己的事情。一旦NT型人将注意力完全分散到体育运动上，他们还需要正视困扰，重新集中精力思索自身的问题，比如利用运动后短暂的休息时间，询问自己："我是否还在注意那些让我愤怒的事情？我目前对事情的想法和感受是什么？"

（4）自我反省

当感到被触怒时，NT型人可以试着回答以下问题："我对所处环境或者同事行为的反应，是否说明自身存在的一些问题？自己在哪些方面需要做出改善？如何处理自己的情绪才能塑造最佳的自我？"

这些问题对很多关照NT型人来说是一个难题，因为他们平时总是在关照别人，却很少关注自己。他们几乎不注意自己的感受、想法，需要或者应该做的事情。从这点来看，NT型人完全忽略了自己，而且NT型人这种"自我忘记和忽略"的程度远远高于其他三种类型的人。

NT型人要回答上面的问题，需要先把注意力集中在自己身上，这对他们来说是一个挑战，但也是塑造成功自我的体验。

NT型人的个性特点就是要避免冲突，因此当他们真的开始处理冲突时，常常会产生被利用或者被忽视的感觉，这在很大程度上是因为NT型人不擅长表达自己的真实感受，不知如何为自己辩解，也不懂坚持自己的信念。他们通常发现处理潜在冲突就是退让或妥协，勉强同意对方的观点，采取消极抵抗的方式，即使心里不同意，嘴上也会同意。这是NT型人要克服的另一个短板。

总之，战略NT型人要想做到真正的自我反省，必须关注自己，敢于表达自己的真实感受。

方略6：退避忍让，用真诚和信任化解矛盾

小耿，探索NT型人，他和小吕在一家通信设备集团工作，只不过小吕在

A城总部，而小耿远在900千米以外的B城企业工作。在过去的一年中，两人共同合作了一系列项目。有一次，小吕一个星期给小耿留了三个语音信息，询问他是否愿意参加一个有关他们合作项目的重要会议，这个会议将于下周在公司总部召开。然而，小耿却过了一个星期才给小吕回电话。

小耿在电话中显得十分烦躁，心里非常气愤，语气充满指责："不要再给我施加那么多压力！我还没有决定是否参加会议。我并不想和你争执，但看起来你很想。"

小吕被小耿突如其来的指责惊得目瞪口呆，他回应说："小耿，我只不过想确认一下你是否打算参加这次会议，这样我才能为你进行一些合适的安排。你为什么这样生气？"

1. 容易触怒小耿的场景

小耿在电话中的强烈反应让小吕大吃一惊，而事实上，小吕已经在无意中多次触动了小耿的愤怒触发器。首先，小耿面临的工作压力非常大，而小吕却没有意识到这点。下面几项有关这次会议的考虑尤其加重了小耿的心理负担：如何在开会之前完成手中已经堆积如山的工作；如何负担这次旅程，因为自己的预算已经超支；自己的胃病如此严重，这次会议如何成行。上面这些原因都让小耿担心自己能否参加这次会议，在还没有做出决定之前，小吕的电话只会给他带来更多的压力。

小吕所留的三个语音信息中，既没有提到任何和这次会议相关的工作问题，也没有询问一句小耿的健康状况，哪怕提一下"我希望你一切都好"，而小吕对小耿的身体情况非常了解。小耿觉得小吕这样做意味着他根本不在乎彼此之间的合作关系，以及通过工作建立起来的友谊。

更为严重的一点，小耿已经开始怀疑小吕的动机了。在上次的项目会议中，小吕竭尽全力表现自己，向公司管理层和客户传递自己比小耿有更多的影响力。小耿觉得小吕想在这个项目中掌握更大的主导权，而对于这种变化他们从未交流过。因此，小耿开始质疑小吕在彼此合作关系中的诚意，"小吕只不过想以他们共同的工作成果为自己的晋升提供砝码"。

通常情况下，NT型人对别人是否拥有真正的权威非常敏感，同时还会质疑那些权威人物是否正当地使用了自己的权力，因此NT型人深怕有些人暗自滥用权力给自己或他人带来伤害。

在这个案例中，小耿最后爆发的愤怒并不是因为小吕直接表现出的那些行为，而是因为自己猜测的小吕内心深藏的动机，尽管这些动机并不一定真实。NT型人崇尚和谐、友善的工作气氛，因此小耿不断掩盖和压抑自己的不满，这些怒气不断积累，得不到及时释放，终于在电话中爆发了，而直到这时小吕才意识到小耿的真实情绪。

容易触怒探索NT型人的场景

- 压力。
- 缺乏真诚。
- 缺少关心。
- 滥用权力。

2. 小耿被触怒后的反应

最初，在面对彼此的关系时，NT型人会逃避一段时间，因为这个时候忧虑以及猜测已经占据了他们整个身心。NT型人通常会一再分析形势，以澄清事实，决定如何应对。这种透彻的分析过程却掺杂着担忧和自我怀疑，同时为了避免冲突，NT型人往往会不断拖延采取措施的时间，有时甚至会放弃进一步行动。小耿尽可能地拖延与小吕的联系，因为他还没有想好是否应该回电话，同时还在思考是否应该去参加那个会议。然而，小耿知道自己必须在会议之前给小吕回个电话，毕竟，不露面再没有半句解释实在不是妥当的做法。

在过度担忧和分析之后，NT型人会怀疑对方怀有危险的动机。他们也会得出另一个结论：觉得自己没有能力，或者权力和影响力不足以控制整个形势。不管得出上述哪种结论，NT型人永远都不会再去接触对方。这并不是说，他们会忘记这个冲突，相反，这件事情会长久地留在他们的脑海里。

另外，有些NT型人在生气的时候会立刻诉说，尤其是当对方正好站在面前。通常情况下，NT型人的反应强烈、快速，但是他们往往会把这些情绪埋在心里。然而如果触怒自己的人正好就在面前，他们也会本能地开始抱怨，思维敏捷、言辞尖锐。由于NT型人富于直觉和洞察力，因此他们的评论往往直达问题的关键。但是有时因为 NT 型人所说的内容倾向于直接反映他们内心的感受、想法或者外在行为，由此发表的评论完全偏离主题，离真相越来越远。

探索 NT 型人被触怒后的反应

·可能采取退避的态度。

·进行透彻的分析。

·反应强烈。

·内心不断地猜测。

3. 如何缓解与小耿的冲突

当 NT 型人感到痛苦、愤怒时，最好的策略是在接近他们时不要带有任何压力。NT 型人在被负面情绪困扰时，往往会给自己施加很多压力，这时一个简单的交流建议在他们看来都是专横的要求。内心强大的自我压力和别人带来的轻微压力交织在一起，NT 型人往往认为所有的压力都来自外界，这是 NT 型人映射心理的部分表现，即把自己内心的感受归因于外界发生的行为。

如果 NT 型人退避到一边开始分析和处理自己的感受和想法，我们最好给他们留出足够的时间。这时只需简单地告诉他们："我了解你的痛苦，我能感觉到有些事情发生了，你如果准备好了，请告诉我，我非常乐意和你交流一下。"但要记住，如果 NT 型人情绪非常低落，他们甚至会把这种提议也看作一种压力。

在 NT 型人做好交流的准备时，我们应该让他们充分阐述自己的观点、感受和推论过程。作为听众，我们应该自我克制，尤其是当 NT 型人将自己的感受归因到某人或者某事上时，积极聆听他们的诉说，显得更加重要。NT 型人的这种映射行为可能会表现为一种谴责，因为他们已经花费了很多时间纠缠于这些痛苦和感受，他们相信自己的见解完全正确地反映了现实。这时，如果我们反驳说"这都是你臆想的"，或者"事实并不是这样"，情况只会更糟。正确的回应是"你这种理解事情的视角对我很有帮助"，或者"如果我也那样看待这件事，我的反应肯定和你相同"，这种方法认可了 NT 型人看待问题的角度，但没有公开赞同他们的结论，却拉近了与 NT 型人的距离，为进一步交流大开方便之门。

在与 NT 型人分享自己的看法时，我们应该表现出真诚和热心。一般来说，当彼此之间存在紧张的冲突时，信任就会减退，这对 NT 型人来说尤其如此，他们往往把信任或者不信任的问题看作对话的基础。在交谈时，NT 型人不仅会注意对方所讲的内容，还会判断是否应该恢复彼此之间的信任，因此热心、诚实、直率的行为表现对双方的交流大有益处，然而，诚实固然重要，但在与 NT 型人的交流中，我们切勿指责他们，或者让 NT 型人觉得交流会给他们带来新的伤害。

如何缓解与探索 NT 型人的冲突

- 在 NT 型人退避的时候给他们空间。
- 让 NT 型人充分表达自己的感受。
- 认可他们的看法。
- 做到热心、真诚。
- 重建信任。

4. 探索 NT 型人如何管理自己的情绪

（1）预先告知

在双方的工作或合作关系确立后，强调一下哪些行为可能会触怒自己。和新的工作伙伴坐下来，谈一些轻松的事情，这对 NT 型人来说是一个很好的、实用的建议。在交谈的最后，NT 型人可以谈一下双方各自的期待，比如"让我们谈一谈自己对双方工作关系的期待，从而使合作有一个良好的开始"。谈论的内容可以包括工作目标、角色分配、责任义务等。

在讨论了上述话题后，NT 型人可以引入有关哪些行为会触怒自己的内容："如果人们愿意分享一下在工作中有哪些行为会困扰自己，肯定可以避免很多误解。也许我们可以根据以往的经历谈一下自己这方面的情况，这样我们的合作也会更加顺利。"

在分享相关信息时，NT 型人可以告诉对方："我最大的问题在于不知如何应对外界压力，比如，不停地打电话确认进度。同时，由于内心已经给自己施加了很多压力，所以外界的压力往往会给我带来双倍的紧迫感。"

（2）即时反馈

在合作关系开始后，如果意识到自己被对方触怒，NT 型人应该立刻告诉对方。一旦双方同意在愤怒产生的第一时间进行交流，就没有必要再考虑究竟由谁发起对话。应该记住的是"越低强度的冲突越容易补救"。通过分享自己的感受，再加上富有成效的对话，NT型人一定可以和对方建立起友善、忠诚、协调的互动关系。

（3）及时释放

在感到自己已经开始显露出愤怒情绪时，NT型人不妨进行一些身体上的锻炼或者出去走一走。散步以及其他一些体育运动可以抚慰NT型人的焦虑，使他们高涨的情绪平静下来。在被触怒时，尤其是怒火爆发的时候，体育锻炼可以帮助NT型人把注意力转移到自己身体上，而不再过分关注思维和情绪。身体运动，尤其是户外活动可以带给人们放松和自由的感觉。NT型人在放松的状态下，通常可以找到新的视角来思考问题，同时能够面对和处理潜在的困难。

（4）自我反省

当感到被触怒时，NT型人可以试着回答以下问题："我对所处环境或者同事行为的反应，是否说明自身存在的一些问题？自己在哪些方面需要做出改善？如何处理自己的情绪才能塑造最佳的自我？"

像护卫者（SJ型人）一样，绝大多数NT型人渴望从生活的多个角度了解自我。然而对NT型人来说，在思考上面这些问题时，应该避免过度分析自我，只需简单地观察内心的活动和反应即可。NT型人不仅要特别注意自己的反应所包含的内容，而且需要观察自己反应的进展过程。比如，一个愤怒的NT型人往往会关注那些包含忠诚、可信赖、可靠、权威或者其他要素的事件。通过观察自己的反应过程，NT型人可能会意识到，每次自己的情绪开始运转，注意到的都是那些会给自己带来相同感受的事情，因此自己的愤怒才会不断累加以及最终爆发。

NT型人还可以更进一步，考虑一下为什么自己总是预想到最坏的结果并开始进行准备工作。所有重复的行为都只有一个目的，尽管这个目的在最开始还不是非常明确。NT型人可以询问自己下面的问题："预想最坏的结局在我的生活中发挥着什么样的作用？我总是把负面事情的发生归因到别人身上，潜在的动机是什么呢？为什么忠诚对我来说如此重要？保持忠诚可以避免哪些感受和哪些事情的发生？尽管我专注于相信他人，如果我开始更多地关注自己、信任自己，会有什么不同？"

探索 NT 型人要记住：揭开矛盾比掩盖冲突更能加深彼此的信任，反省自己比要求别人改变要简单得多。因为愤怒得越久，裂痕就越大，我们会为此付出更大的代价。

方略 7：控制情绪，迂回解决冲突

小曹，分析 SJ 型人，一家大型家用电器集团小家电业务的市场策划主管，刚刚和自己的同事小韩成功地完成了一次商业预演。她们坐下来开始对刚刚的会议进行总结评估，除了出色与成功的一面外，还讨论了需要改进的地方以及后续需要做的工作。在所有事情完成后，她们把身体靠在椅背上，享受着难得的放松。小韩依然沉浸在成功的喜悦中，她开始强调自己觉得最完美的演示部分："这部分真是一个挑战，我特别欣赏那时的表现"，等等。

小曹开始沉默了，她的身体语言也迅速发生了变化，下唇紧咬、身体更贴近椅背、胳膊紧紧地环绕着身体，所有这一切都显露出她在生气。

是什么让小曹这么焦躁不安？小韩很困惑，她尝试着让小曹说出心烦的事情。几分钟后，小曹突然气急败坏地冲着小韩大喊："你在吹牛！刚刚演示的最后一部分你没有按照我们的计划进行。还有就是，谁给你的权力让你在会议中表现得像个领导者？"小韩被小曹突如其来的质问惊得目瞪口呆，不知所措。

1. 容易触怒小曹的场景

尽管 SJ 型人经常评判和批评他人，但同时对来自别人的指责也非常敏感。小曹把小韩的评论看作是一种自鸣得意的表现，对于小韩一句也没有提到她的贡献感到特别恼怒。在小曹看来，小韩没有给予她积极的评价，这等同于批评。小曹感到被忽略了，心中开始产生愤怒，一阵无名火腾起。

演示过程中发生的一些事情已经让小曹感到不满了。小韩在会议中间擅自改变了议事日程，讨论了一些不属于计划范围的内容。尽管小韩这样做只不过是为了回应客户的问题，但在崇尚流程和规则的小曹看来，简直是不懂规矩的表现："为了迎合客户，居然把我们费尽心血制订的计划抛在一边，不能坚持到底地执行，这太让人气愤了。"小韩擅自改变计划的行为令小曹困扰。

最后导致小曹不断积累的愤怒终于爆发的原因，也是她最不愿意提及的问题，就是她觉得小韩在演示和以后的讨论中显得过于武断，太过自信。双方本来约定在演示的时候平等地承担各自的工作责任，而小韩却破坏了这一切：独自回答了绝大部分提问，过分地显示出自信，像个领导一样对自己指手画脚。小曹内心觉得小韩的行为就像她才是这次预演的主导者一样，自己就像她的一名助理，这深深地触怒了小曹。

看到小曹如此心神不安，小韩被吓得目瞪口呆，因为她一直都觉得每一方都有发表观点、回答问题以及改变计划的自由，只要这对预演有利。

容易触怒分析 SJ 型人的场景

· 被批评时。

· 对方的不能坚持到底。

· 别人单方面改变计划。

· 感觉被欺骗。

2. 小曹被触怒后的反应

SJ 型人在被触怒后，他们会变得充满愤慨，觉得一切都让人讨厌和烦心。在这种情况下，SJ 型人可能会有以下三种表现：要么和对方说点什么，要么通过身体语言表达自己的不快，要么把愤怒深深地埋在心里。

如果 SJ 型人在感到心烦意乱的时候决定和对方说点什么，他们往往采取以下方式来表达自己的不满：

SJ 型人可能会非常快速、简短地评论对方所做的事情，结果往往另一方感到不知所措，像是突然被人打了一巴掌一样。

或者，SJ 型人可能采取旁敲侧击的方式，对他们认为对方做错了的别的事情进行指责；对于这种指责，另一方更会感到莫名其妙，大吃一惊。

另外，SJ 型人也会通过尖锐的嗓音、紧张的身体语言等非语言因素来表达自己的痛苦情绪。在这种情况下，对方能够感受到 SJ 型人的不满，但却不明白他们生气的原因。上面的案例中，在商业预演后的随意谈话中，小韩已经感受到小曹在生自己的气，这都是通过小曹的非语言行为流露出来的。小韩尝试着让小曹说出原因，当听到小曹的回应后，小韩才明白她为什么对自己存在敌意。

分析 SJ 型人被触怒后的反应
- 发表简短的言论。
- 针对别的事情进行谴责。
- 一些非语言表达暗示了 SJ 型人在生气。
- 什么也不说。

3. 如何缓解与小曹的冲突

尽管绝大多数 SJ 型人愿意直接解决冲突，但更多的时候他们倾向于避免冲突的发生。这是因为 SJ 型人通常会努力进行自我控制和自我管理，而直接处理让人愤怒的事情和冲突，很可能导致一方或者双方丧失控制自己情绪的能力。另外，相对于愤怒而言，SJ 型人通常更容易感到怨恨，因为他们认为"暴怒"和"痛恨"都是一些不好的情绪，应该加以克制。因此在直接表现自己的愤怒之前，SJ 型人需要清晰地确认自己的这种情绪是"应该的"和"正当的"。

下面介绍的两种方法都可以有效地解决和 SJ 型人之间的冲突。

第一种方法：如果冲突的强度较低或者属于中等水平，比如冲突持续的时间比较短，SJ 型人看起来也不是非常激动，那么我们最好尽快采取解决问题的方法。首先，我们要获得 SJ 型人的合作，在他们认可有问题存在的前提下对谈话进行一些小小的规划。一个真诚的建议："我想究竟有什么事情让你这么困扰，有时间你愿意和我谈一下吗？"就可以带给 SJ 型人心理上的宽慰，让他们了解谈话的主要目的在求同存异、寻找事实，而不直接面对面地对质。其次，我们可以将对话的时间稍稍推延，留出足够的时间让 SJ 型人思考自己愤怒的根源究竟是什么。真正的谈话开始后，SJ 型人通常喜欢对谈话进行一些小小的但并不过分的规划，比如给每一方 15 分钟讲述一下自己的感受，因为没有经过任何规划的正式谈话会让 SJ 型人觉得杂乱无章、太过冒险。这时，我们应该积极响应，配合他们的行动。

第二种方法：在问题刚刚出现时就立刻坐下来解决它。这种方法适用于冲突比较激烈的情况，因为问题已经非常明显，冲突有进一步扩大的风险，必须立刻处理。第一步，就是要坦率地告诉 SJ 型人："你看起来非常心烦，一定有什么事困扰着你吧，能跟我说说吗，希望我能帮助你。"让他们不受打扰地先讲出自己的感受，对于解决问题至关重要。如果 SJ 型人愿意直接表达自己的愤怒，这说明他们在分享感受的时候希望获得一些帮助，从而让自己感觉舒服一些。这个时候我们要趁热打铁，抓住时机对 SJ 型人说一些鼓励的话："我不知道这样的行为会影响到你，你能说出来太好了。"这样他们可能愿意分享更多的内心感受。把自己的想法和情绪全部说出来以后，SJ 型人会变得非常坦率、放松，他们能够全身心地投入到对话中，更能积极地接受和回应对方所说的内容，增加了解决冲突的可能性。

在和 SJ 型人谈话时，尽量不要使用评判式的语言，因为别人的评价或者指责往往会激活 SJ 型人内心的挑剔本性。一般情况下，SJ 型人往往会对自己提出很高的要求，他们对自己的严苛程度远远超过对待他人。在讨论和解决冲突的过程中，如果 SJ 型人开始变得自我防卫，他们不仅会逃避别人的批评，也会逃离自我指责。这些对冲突的顺利化解都非常不利。

如何缓解与分析 SJ 型人的冲突

- 采取解决问题的积极态度。
- 给 SJ 型人时间好好梳理自己的情绪。
- 对谈话进行一定的准备和规划。
- 首先让 SJ 型人说出自己的想法。
- 不要使用评判式的语言。

4. 分析 SJ 型人如何管理自己的情绪

（1）预先告知

在双方的工作或合作关系确立后，强调一下哪些行为可能会触怒自己。除了上面列出的可能触怒 SJ 型人的行为，SJ 型人还可以根据自己的情况增加相应的内容，对每种行为都要详细地注解，以帮助别人理解这些行为的含义。比如，"另外一方的不能坚持到底"可能有多种含义：不能遵守远期的承诺，不能立刻完成任务，或者是 24 小时内没有回应等。

（2）即时反馈

在合作关系开始后，如果意识到自己被对方触怒时，SJ型人应该立刻告诉对方。SJ型人可能在还没有意识到自己真实的感受时，就已经通过行为暴露了一切，比如一段急促的语言。SJ型人可以根据"分析SJ型人被触怒后的反应"一节中的内容来判定自己是否陷入了困扰的情绪，然后思考具体是什么扰乱了自己的心情。另外，SJ型人挑剔的反应往往会通过一些非语言行为表现出来，因此SJ型人在和他人讨论自己的愤怒时，身体语言尽量保持中立，最起码不要过于强烈，这样对方才会更专注于自己所说的内容，而不是被SJ型人无意识中表现出的非语言行为吸引，造成更大的误解。

（3）及时释放

在感到自己已经开始显露出愤怒情绪时，SJ型人不妨进行一些身体上的锻炼或者出去走一走。对SJ型人来说，这一点尤其重要，因为这样他们又能重新思考一下自己的感受，更容易发现自己愤怒的深层原因，而且有些原因和自己的情绪甚至没有任何直接的联系。

（4）自我反省

当感到被触怒时，SJ型人可以试着回答以下问题："我对所处环境或者同事行为的反应，是否说明自身存在的一些问题？自己在哪些方面需要做出改善？如何处理自己的情绪才能塑造最佳的自我？"

对自己行为的过度探究往往会导致很多SJ型人开始转向自我挑剔，如果这种行为得不到遏制，就会从自我挑剔扩大到挑剔他人，因此SJ型人最好进行一些更为开放的思考。SJ型人可以通过多个视角，猜测其他人会怎么看待这个困扰我们的环境。比如，可以询问自己下面这个问题："有三个我很了解和尊重的朋友，他们的性格各不相同。面对这个让我烦恼的情形，他们各自会作何反应？我能学习到哪些东西？"

SJ型人喜欢压抑自己的愤怒情绪，但是他们的这种感觉并不永远都不会发泄，经过一段时间的堆积，一件小事都可能触动他们那敏感的神经，那些潜伏在心头的怒气就会像火山一样突然爆发。因此SJ型人应该时刻关注自己这个特点，同时思索一下究竟什么才是导致自己愤怒的真正原因。

SJ型人的愤怒可能会和一些更深层次的因素联系在一起，比如总觉得自己"做得不够完美",或者别人不像自己这么努力却能侥幸成功等。其他导致 SJ 型人愤怒的因素还可能源自他们控制周围环境的愿望;或者喜欢"比较和将人分类"的习惯,比如谁的回答正确,谁的行为最恰当,以及谁最勤奋,谁是最完美的人等。在和他人比较的过程中处于下风往往是导致 SJ 型人愤怒的真正的、内在的原因,认识到这一点,SJ 型人才有可能进行深刻的自我反省。

方略 8:把愤怒藏在心里,逐步释放不满

阿兰是一家大型互联网上市集团的副总裁兼首席财务官,协作 SJ 型人,公司最近雇用了一家知名的会计师事务所来处理两年来非常混乱的财务记录。保存精准的财务记录和财务报告对上市公司来说非常重要,但同时也是一项令人畏惧的任务。作为公司的首席财务官,阿兰需要明确这家会计师事务所的任务、角色和责任等问题。

3 个星期过去了,阿兰花费了大量时间,逐步和这家会计师事务所的高级合伙人小魏建立了积极的工作关系。尽管这家事务所最初的工作成果不能让人满意,但是阿兰充满信心,相信自己和小魏之间和谐的关系可以帮助她们顺利解决这些和工作相关的困难,而这些困难都是初次合作不可避免的。

一次,在公司高级管理人员会议上,大家一起讨论这家新的会计师事务所存在的问题,阿兰积极肯定了小魏和她的事务所这段时间的工作,同时还提出了一些解决财务问题的方案。在会议中场休息的时间里,一位高管与阿兰闲聊:"阿兰,你真的 50 岁了吗?"

阿兰感到非常震惊,她反问对方:"你从哪里听来的?"

"小魏告诉我的。"那位高管回答说。

阿兰非常生气:"她干了些什么?那应该是我们两人之间的谈话。"

了解到小魏泄露了这个"秘密"后,阿兰收回了对她以及这家事务所的支持。不到一个月,公司便终止了和这家事务所的合作关系,并雇用了另一家会计师事务所。

1. 容易触怒阿兰的场景

在了解到小魏向同事泄露了自己年龄的那一瞬间,阿兰感到震惊,她对小

魏的信任完全消失了。大多数人对自己的个人隐私都非常看重，无论是男性还女性，尤其是在激烈的职场环境中，一个小小的隐私可能引发自己的职场危机，但他们的反应不会像 SJ 型人这样强烈。

像绝大多数 SJ 型人一样，阿兰小心地捍卫着自己的隐私。一些个人信息，比如年龄、婚姻状况、身体情况，对 SJ 型人来说都是私密的。

在一次和小魏的交谈中，由于她问到了自己的年龄，阿兰为了进一步增强她们之间的和谐关系便告诉了她。当知道小魏把自己的秘密告诉别人时，而且还是自己公司的同事时，阿兰非常愤慨。作为一名职场女性，阿兰非常注意自己的形象，由于善于保养，阿兰看起来比实际年龄年轻，她不愿意让人知道自己的年龄，是怕别人对自己的态度有所改变，这是令她愤怒的部分原因。

问题还不止这些，关键是泄露 SJ 型人的隐私之后，他们就再也不会信任你了。

这件事过后，无论任何时候谈论起小魏的事务所，阿兰都会想起她泄露自己年龄的事情。虽然小魏的事务所在工作上的表现非常不好，但在阿兰看来，这些都能容忍，可以通过建立工作流程和规范来改变。但是阿兰却不能漠视对信任关系的破坏，她坚持认为侵犯隐私才是最严重的冒犯。对阿兰来说，自己的怒火已经接近爆发的边缘。

令阿兰生气的不仅是自己的隐私被泄露，小魏不慎重的言行也让她非常震惊。

如果小魏事先让阿兰得知自己在不经意间把她的年龄告诉了别人，阿兰即使不开心，但最终会原谅小魏。然而，阿兰却在一个半公开的场合从同事口中得知小魏犯下的错误，而对方还是一个自己永远都不可能与其分享年龄秘密的人。"她是事务所的高级管理人员，却这样没有专业精神，她都这样，那么其他会计师说不定会做出什么事呢！"阿兰全无防范，越想越生气，她的愤怒加倍，几乎要爆发了。

阿兰现在可以给小魏画像了：不专业，毫无职业操守，没有责任心，信口开河，不诚实，缺乏信任。尽管她从来没有明确告诉小魏不要泄露自己和她分享的一些个人信息，但是阿兰认为她们之间存在一个无须言明的、彼此都应该遵守的"信约"：对彼此私人谈话的一些内容要保守秘密。绝大多数 SJ 型人都只和自己信任的少数人分享一些私人的信息。因此，在得知小魏的所作所为后，阿兰心想："你不能尊重我的隐私，我还能信任你吗？"

上面描述的事情足以让阿兰愤怒了，然而使情况更糟的是所有这些事情都发生在公司这个环境中。SJ 型人通常非常厌恶处在一个自己不能控制的环境中，这样会让他们没有安全感。同时，如果工作压力过大 SJ 型人也会非常紧张。

因为公司目前的财务状况非常混乱，身为财务负责人的阿兰倍感压力，才雇用小魏的事务所对这种状况进行修复。阿兰对小魏充满了期望，希望她能帮助公司渡过这个难关。阿兰本来认为通过建立相互尊重的工作关系，以小魏的积极态度和能力，再加上这家事务所的专业水准，公司的财务体系肯定能得到改善。然而，阿兰现在不再信任小魏，失去了他人的帮助，公司财务这个可怕的复杂事情又落在了自己肩上，一想到这个巨大的压力，阿兰就感到惶恐和不安。在压力下，SJ 型人会迁怒到他人，于是愤怒愈演愈烈，终于爆发了。

容易触怒协作 SJ 型人的场景
·破话彼此之间的信任。
·突如其来的信息使 SJ 型人感到惊讶。
·不诚实。
·不受控制的局势。
·工作任务过重。

2. 阿兰被触怒后的反应

当 SJ 型人被触怒时，他们经常什么也不说，但是愤怒的情绪会一直留在记忆中。SJ型人也可能会巧妙地退缩，从那个冒犯自己的人身边逃走。然而，人们一般并不会感觉到他们的退缩，因为即使在一个非冲突的环境中，SJ型人也习惯于退缩到自己的内心世界中冥想，很少参与别人的事情。

如果别人的冒犯过于严重，或者SJ型人心中的愤怒已经积累到一定程度，他们要么全面退缩，要么直接表现出自己的情绪。这种情况下的退缩是指他们什么也不说，什么也不做，离对方越远越好，避免一切接触。比如不参加会议，不回电话、不回电子邮件，或者比约定的时间晚到很长时间，却不做任何解释。

在退缩的情况下，SJ型人表现出的冷漠掩盖了他们内心活跃的、紧张的、复杂的心理过程。SJ型人会花几个小时去猜测别人不恰当行为背后的异常原因，然后想象出多种不同的回应方式，其中一些方式非常具有攻击性。SJ型人的行为表现和NT型人看起来非常类似：喜欢预先准备，尽量避免处理一些会引起焦虑的情形。然而SJ型人的过度分析和准备通常发生在负面结果发生之后，而不是之前。这时SJ型人高速运转的心理活动就像一个小型法庭：法官、检察官、受害人众多角色集于他们一身。尽管每个人都倾向于相信自己的想法是正确的，排斥别人的不同意见，但SJ型人尤其如此，特别是在非常愤怒、痛苦的时候。

SJ型人还有一种不常见的表现：当面对触怒自己的人时，会勃然大怒。在这种情况下，他们不再退缩，而是直接表达自己的感受和想法，SJ型人在愤怒的时候能够清晰明白地进行交流，所说的内容非常有力，很有说服效果。这时他们会表现出SP型人的某些特征。

协作SJ型人被触怒后的反应

- 讲话很少。
- 退避，但可能并不表现出来。
- 把情绪都藏在心里。
- 怒气积压太久或者爆发的时候会表现出自己的愤怒。

3. 如何缓解与阿兰的冲突

SJ型人倾向于把愤怒藏在心中。有时我们很难判断出SJ型人是否处于心烦意乱的状态，因此在第一时间感受到他们的退避或者冷漠就应该设法接近他们。这样 SJ 型人就没有时间进行分析、假设和猜想，并作出负面结论，而是能够更多听取别人所说的内容。

我们应该尽量寻找一个私密空间，邀请 SJ 型人进行交流："有没有可能我们花半个小时讨论一些问题？"需要注意的是，我们应该让 SJ 型人自己选择交流的时间和地点。另外，SJ 型人并不喜欢立刻讨论相关问题，我们可以通过电子邮件、语音信息或其他工具和 SJ 型人约定会面的时间，这样既不会过于突然，又可以避免因为面对面地提出要求让 SJ 型人感受到压力。这些非直接的邀请方式使 SJ 型人无须隐藏自己最初的反应，但是如果第一次提议没有得到他们的回应，我们可以在几天内陆续发出一次或者两次邀请，以得到 SJ 型人的关注。

30 分钟的会面对很多人来说可能过于短暂，但是却能让 SJ 型人觉得安心，因为他们并不愿意长时间地进行紧张的情绪交流。如果第一次讨论进展不错，SJ 型人通常会主动延长会面时间或者重新约定下次见面的时间。

在第一次会面时，我们应该鼓励 SJ 型人讲出问题的起因，分享内心的感受和想法。我们可以采取含蓄但清晰的交流方式。直接的方法，比如"你看起来很愤怒，我想知道为什么"可能有效，但也可能造成相反的效果，使 SJ 型人变得更加疏远。含蓄的方法应该更好一些，比如"我希望你愿意和我谈一下你心中可能存在的想法"，如果 SJ 型人回应说自己没有什么想法，我们可以列举出一些他们的行为表现来支持我们的观点，比如"我发现你不再像以前那样经常征求我的意见"，可能会让 SJ 型人更加坦率一些。

交流一旦开始，我们要注意聆听，同时对 SJ 型人花费时间所讲情况的事实予以认可，虽然我们并不一定认可他们的观点，但却肯定了他们敢于诉说的精神。这种方法以一种默认的方式使 SJ 型人敞开心扉，把内心深处的一些情绪排解出来。

前面介绍过，SJ 型人也可能会直接表达自己内心的真实感受。这种情况下，我们一定要表现出欣赏他们这种做法的态度。SJ 型人这样做要么是在冒险，目前这个时刻完全按照自己的感受行事；要么过于愤怒，无法像通常那样退避到心灵深处，尽量控制自己的情绪。当 SJ 型人看起来陈述完了自己的想法时，我们也可以提出简单的要求，比如"请再多说一些，这样我才能完全理解"，往往可以鼓励 SJ 型人分享更多的想法。

SJ 型人不管是采取退避的方式，还是进行坦率的交流，他们都强烈地希望对方能给自己留出足够的空间，尤其是在面对冲突问题的时候。比如对其他类型的人，交流的双方最好保持 30～45 厘米的空间距离。但对 SJ 型人来说，这种距离最好延伸到 45～60 厘米；在 SJ 型人面临巨大压力时，则需要延伸到 60～90 厘米。同样地，SJ 型人不喜欢多余的身体接触，在感到烦闷的时候更是厌恶对方的这些举动。

SJ 型人在充分表达了自己的感受之后，通常能够听取对方的观点。这时我们应该采取理性的方式陈述事实，同时讲述自己的感受，效果一般不错，需要注意的是不要让交流变得过于激烈。在交谈最后，应该得出一个双方认可的解决方案，这个解决方案应该是实用的、具体的，经过双方协商通过的。另外，解决方案的提出也能向 SJ 型人保证他们不会再经历类似痛苦的事情。

如何缓解与协作 SJ 型人的冲突

- 事前告诉 SJ 型人想和他们进行交流的愿望。
- 让 SJ 型人自己选择交流的时间和地点。
- 为第一次交谈设定清晰的、双方认可的期限。
- 首先让 SJ 型人讲述自己的感受和想法。
- 给 SJ 型人留出充裕的物理空间。
- 面对问题保持理性的态度。
- 注意情感表达不要过于强烈，以防 SJ 型人产生压迫感。

4. 协作 SJ 型人如何管理自己的情绪

（1）预先告知

在双方的工作或合作关系确立后，强调一下哪些行为可能会触怒自己。在工作关系确立的早期采取这种方式进行自我释放对很多 SJ 型人来说是一种压力，但这种方式的确有很多优点。

SJ 型人完全可以这样措辞："我们可以交流一下如何让彼此的合作更加有成效。有一些事情对我来说非常重要，比如工作经过认真的安排，一切都在控制中，另外，我不喜欢意外事件的发生。所谓意外事件，是指那些不必要的、最后才提出的要求，以及在我已经有了别的安排后，却要求我增加工作时间。

在合作的过程中,我希望彼此之间都能及时告知对方那些能使公司或者项目运转更加顺利的信息。"

(2)即时反馈

在合作关系开始后,如果意识到自己被对方触怒,SJ型人应该立刻告诉对方。这种方法可以最大限度地降低给彼此之间可能造成的意外惊吓。在关于工作方式的最初交流中,SJ型人应该记住:在合作过程中一旦发生不愉快就立刻进行交流,比如"让我们在不开心的事发生的第一时间就讲出自己的感受,这样我们的合作就能一直富有成效",通常都能得到对方肯定的回应。

有了这样一个约定,哪怕发生的是一件很小的事情,双方也可以立刻交流彼此的感受。另外,不要把这种做法当作是对别人的侵扰,因为你们彼此之间已经有了约定。但对SJ型人来说很重要的一点是:首先需要确认的确有某些事困扰了自己的情绪,在认为自己想法正确的情况下,再言之有物地和对方交流。

(3)及时释放

在感到自己已经开始显露出愤怒情绪时,SJ型人不妨进行一些身体上的锻炼或者出去走一走。为了分散自己的情绪,远离冲突的另一方,SJ型人可能采取不同的方法。比如,有些SJ型人不再从胸腔处进行深呼吸,而是从脖颈处急促地呼吸;或者把全部的注意力集中在自己的感受上,思绪翻飞;也可能开始对发生的让人痛苦的事情进行分类,把它们归入不同的精神范畴。

不管SJ型人采取何种方式,都会不可避免地导致身体和心灵的暂时分离,这时进行一些体育运动通常能在精神和身体之间重新建立联系,因为我们的情绪通常与身体的某些感受保持一致。

(4)自我反省

当感到被触怒时,SJ型人可以试着回答以下问题:"我对所处环境或者同事行为的反应,是否说明自身存在的一些问题?自己在哪些方面需要做出改善?如何处理自己的情绪才能塑造最佳的自我?"

绝大多数SJ型人都渴望获取知识和理解,因而这种自我发现的方法对他们非常适合。回答上述问题的关键是要保持感性和客观的态度:所谓感性的一面是指探究自己内心的感受,将感受和自己的想法置于同样重要的地位;而客观是指 SJ 型人不仅要从自己的角度，同时还必须从别人的角度来观察自己。SJ 型人可以问自己一个问题："我知道作为 SJ 型人的我会有这种反应，那么其他性格类型的人会有什么不同看法呢？我能从别人的观点中学到什么吗？"通常，这种自我发现的方式可以帮助 SJ 型人了解到自己逃避情感生活、逃避他人、逃避自己内心体验的一面。这对 SJ 型人进行更为深刻的自我反省会有巨大的帮助。

二、提升自己的情绪管理能力

绝大多数人与人之间的关系，不管是工作关系还是私人关系，在最初开始时都洋溢着对未来的美好希望和人们心中各自的善意。即使是一开始就比较困难和紧张的关系，比如，一个声誉令人怀疑的人击败了公司中其他候选人或者合作者成为新的老板，很多人也会努力使这种关系朝着好的方向发展。

1. 情绪管理的意义

在工作关系刚刚确立之初，人们总是竭力控制自己的负面情绪，彼此很少发生冲突，因为大家都想给对方留下一个印象，发展一段良好的人际关系，并逐步适应不断变化的工作环境。然而随着时间的流逝，当一方无意识冒犯了另一方后，人们的情绪会不由自主地失去控制，这时"愤怒触发器"开始工作，人际冲突不可避免地发生了。就像本章前面介绍的那样，这些困扰或者痛苦通常都是和我们的人格类型有关的。

每次愤怒的感受都是一个早期的警告信息，预示着未来可能发生的关系危机。如果在建立关系的早期我们从没有交流过彼此在未来期望方面存在的差异，那么心中不断积蓄的怒火将不可避免地最终爆发。因此我们应该尽早交流这方面的内容，这样在对方情绪不满的时候，我们就能选择和控制自己的言谈举止。一旦愤怒堆积到要爆发的阶段，人们紧张的情绪和感受会更加高涨，需要处理的问题会更多，整个形势也更加紧迫、充满危险。由于这些因素，控制和管理自己的情绪、解决冲突就变成了每个人必须面对的一项更加艰巨的任务。

2. 人格类型在情绪管理中的功效

尽管"MBTI"人格类型之间的差异并不是企业中人际冲突产生的唯一源泉，但却是冲突产生的最根本原因，是解决冲突的重要突破口，决定着冲突解决的动态发展过程。我们应该以人格类型为基础，然后认真地识别和讨论企业内部的一些因素，比如，职业角色、资源分配、行为预期、企业文化和权力的使用等，这样才能有效解决冲突。

对"MBTI"人格类型理论是否充分地理解，在一定程度上决定着冲突是否能够有效解决：如果一方对自己在解决问题时应该承担的责任认识得很透彻，而且倾向于进行有效的情绪管理，再加上通过对MBTI人格理论的应用而知道如何接近另一方，那么我们就会快速、有效地解决冲突。

3. 有时需要第三方的介入

有时冲突无法避免，并且单单依靠牵涉其中的各方也无法得到解决，这时我们就需要第三方的介入和帮助。下面就是一些这种类型的例子：

- 强烈的冲突。
- 充满危险的冲突。比如，冲突的一方面临失去工作的危险。
- 持续很长时间的冲突。
- 冲突各方的级别显著不同。
- 冲突涉及的人数比较多。
- 冲突中的部分或者全部人员都没有充分控制情绪以有效解决问题的能力。

第三方可以是企业中的人力资源部、组织内负责听取搜集意见的部门，或者公司内部或外聘的专业人员和咨询师，还可以是公司里的其他人，比如各级管理者。无论哪种角色，重要的是这个部门或这个人要具有担当这种职责所必需的能力，同意保守秘密，并且被冲突各方接受。

4. 感同身受地解决冲突

不管冲突的情形有什么不同，我们都要以一颗怜悯、感激的心来处理和解决问题。这样不仅可以达成积极的结果，还可以帮助涉及的各方成长和发展。这里的怜悯并不是指居高临下的同情或者柔情，我们应该这样理解它：对方很难控制自己的感受、情绪、想法、反应和行为，我也一样，这些情况对我们来说具有相同的挑战性。比如，NT型人因为SJ型人的吹毛求疵而感到困扰，但是如果 NT 型人能够想到 SJ 型人追求完美的本性就像自己总是关注稳定一样，他们的愤怒和烦躁就能转变为怜悯和理解。

　　肯定每种人格类型的行为非常重要，尤其是在发生冲突的过程中，某种人格类型的人做了一些自己最怕实施的行为时更应如此。我们要在自己排除困难、处理内心的情绪时给自己一些肯定和进一步的鼓励。如果每个人都能为自己的行为勇敢承担责任，那么冲突的各方，包括公司本身，都会获益良多。因为：

- 积极地处理不同人之间的分歧，问题就能得到解决。
- 我们彼此之间会更加合作，精力都集中在工作上，而不是像以往那样只关注复杂的人际关系。
- 工作氛围和环境会更加和谐。
- 工作会更加有效率。

　　5. 每种人格类型应该被肯定的行为

　　主导 SP 型人：分享自己脆弱的感受和软弱的一面。

　　温和 SP 型人：处理和专注于那些让人感到困难和痛苦的事情。

　　劝说 NF 型人：直接表达自己的需要。

　　实干 NF 型人：透露一些并不会让自己显得很优秀的个人信息。

　　战略 NT 型人：愿意面对问题，直接表达自己的愤怒。

　　探索 NT 型人：区分自己内心设想的情形和事实之间的不同。

　　分析 SJ 型人：以坦诚的心胸倾听。

　　协作 SJ 型人：在冲突发生的第一时间表达自己的感受。

第九章 天赋禀异的领导风格

一、性格领导力真的很重要

根据研究，管理的失败往往来源于情绪能力的缺乏。因为领导者所面临的情绪问题是复杂的，也是苛刻和不可预知的，充满了无穷的变数；但也是令人兴奋和有益的，它要求无论在充满压力还是令人愉快的环境中，领导者都要具备自我管理以及和团队成员有效交流的能力。因此，领导者必须花时间进行坦白的自我反省，换言之，就是要不断地"复盘"，在自我否定和自我肯定中进行"领导力的蜕变"，最终使技术和技巧型的领导才能，成功蜕变为技艺型的"领导艺术"。那些成为非凡领袖的人，无论是国外的杰克·韦尔奇、郭士纳、索罗斯、巴菲特，还是国内的任正非、柳传志和马云，他们都在努力迎接一些事先根本无法预料的挑战过程中，领导力获得了从量变到质变的成长。

卓越的领导力表现为多种形式，它并不专属于某种类型的人。然而，每种类型的人通过努力，都有可能成为适合自己天性的领导者，都具备成为卓越领导力的优势：

SP型人具有行动素质，是卓越的战术型领导者。

NF型人具有交互素质，是卓越的交际型领导者。

NT型人具有思辨素质，是卓越的战略型领导者。

SJ型人具有支援素质，是卓越的支持型领导者。

但在领导力蜕变的过程中，也包含一些可能导致自己失败的劣势。

本章将介绍八种类型的领导者，并从四个方面描述领导力提升方案：

首先，是对"领导者的任务是什么"这一问题的回答，答案来自于那些无意识中影响我们行为和认识的基本假设和理念。

其次，每种类型的领导者，在领导能力方面都会形成"长板和短板"，也就是领导优势和劣势。所谓优势，是指那些阻碍我们成功进行管理的因素。优势和劣势构成了每种类型领导者的领导风格和行为。

再次，分析每种类型领导者的领导风格和行为。同时介绍在什么情况下，如果过度利用自己的领导优势，优势也可能转变为最大的劣势。

最后，提出三条改善每种类型领导者领导风格的建议。

但这并不是说每种类型的领导者就只能具有自己独特的能力，作为一名管理者，随着职位和管理范围不断扩大，他们在发挥自己天赋能力的同时，必须有意识地去学习自己所欠缺的能力。比如 SP 型领导者应该学习战略、交际和支持能力。

领导力是一种综合性的能力，战略、战术、交际、支持是领导力的四种构成要素，只有平衡发展，我们的领导力才能趋向完整，这是一个艰辛但充满快乐的过程。

方略 1：推动团队迎接挑战，向前发展

主导 SP 型领导者的任务就是在自己果断的带领下，让团队中有才干、可靠的员工各司其职，并赋予他们应有的权力，发挥团队的整体优势，推动团队迎接挑战，不断向前发展，如表 9-1 所示。

表9-1　主导型领导者的长板和短板

领导优势	领导劣势
支持团队成员成就自己	过于耗费心神
直接的	受控制的
自信、权威	苛求、粗暴
具有高度战略性	对自己和员工的期望过高
克服阻碍	没有耐心
果断	专制、鲁莽
精力充沛	如果员工的工作效率太低，就会非常生气
保护下属	如果员工不按预期行事，就会感到被愚弄和利用
推动项目向前发展	瞧不起软弱的团队成员

1. 领导风格

SP型领导者具有战略眼光和捕捉市场先机的能力，喜欢挑战新事物，善于解决纠纷和危机，他们崇尚权威的领导方式，喜欢支配，对控制权极度关注。

当SP型领导者发现团队中某位成员很有才能，也愿意提供支持和帮助时，SP型领导者可能创造出一个值得效仿的团队；也可能过度投入，消耗自己的精力，给员工和团队带来压力，打造出一个充满恐吓和压力，敏感多疑、水平低下的团队。

SP型领导者喜欢从事重要和利益最大化的工作，愿意在具有挑战、充满危机、不确定和混乱的环境中创造新秩序。SP型领导者往往从大处着想，善于抓大放小，整合公司的不同部门、不同团队，集合成具有战略性的行动计划。

SP型领导者能够快速抓住市场的复杂性，愿意参与竞争；如果需要，或者对实现目标有利，SP型领导者还会力排众议，坚定果敢地对公司或团队进行重新规划，对员工进行重新培训；对那些表现卓越的员工，SP型领导者也愿意提供相应的奖励，投入更多的资源进行培养。

如果公司的业务已经非常稳定，SP型领导者可能会有多种不同的选择，要么去发掘新的市场，迎接新的挑战；要么继续在原有的岗位工作，顺应稳定的工作环境，维持现状，不再坚持自己的工作方式；要么离开公司或原来的岗位，然后继续前进。当然，SP型领导者最可能选择具有挑战性的新工作，至于维持和安于现状，会让他们很不舒服。

SP型领导者喜欢发号施令、提出要求，他们往往会树立一个榜样，然后希望团队成员认真效仿。由于具有发现员工潜力的能力，SP型领导者绝大部分时间都会暗中为对方提供支持和机会。SP型领导者极富洞察力，他们喜欢独自花时间分析自己和员工，会极力表现出自己的理解和支持，但是SP型领导者也坚持认为员工应该承担起自己相应的责任，要"投桃报李，知恩图报"，将自己的一切都奉献给工作。

SP型领导者的这种优势会适得其反，给员工带来压力和不满情绪，破坏团队的和谐。在不能控制形势或者员工没有按照预期主动投入工作的时候，SP型领导者就会感到非常失望、沮丧和愤怒，他们认为自己像是个白痴，有种被愚弄和被利用的感觉。

和其他类型的领导者相比，SP型领导者更容易感到沮丧，他们内心的感受和情绪也会更快地增强。尽管 SP 型领导者会努力抑制，但沮丧还是会演变成愤怒。因为在 SP 型领导者看似强大和自信的面具下，隐藏着一颗极度脆弱和敏感的心，一旦这种脆弱被激活，自信就会变成愤怒和暴烈。这时，SP 型领导者就会将这种失控的情绪无限放大，并将这种不满投放到团队每个成员身上，整个团队瞬间会陷入混乱的状态，管理危机就会出现。

SP 型领导者的天性决定了他们很难隐藏自己强烈的情绪，不管是开会还是一对一的交流，他们都愿意直接说出自己内心的感受。SP 型领导者的诚实、洞察力、直爽、支配欲，加上沮丧、愤怒的情绪，会引发他们的怒火像火山一样爆发。这种愤怒会使团队成员感到被恐吓和威胁，他们对 SP 型领导者的行为，或者暴怒不已，或者毫无防备，或者准备反抗，或者三种状态交织在一起。一场可怕的团队危机即将爆发，但 SP 型领导者却毫无察觉，因为他正沉浸在自己的暴怒中而忘了团队发生的变化。当然，这并不是 SP 型领导者的本来面目，只是情绪失控后的一种过激反应，事后他们也会产生负罪感。但 SP 型领导者并不后悔，毕竟自己非常诚实。

SP 型领导者讨厌毫无防备的感觉，对于困难，他们强烈希望能够事先得到预警，这样才能采取有效策略、积极准备、应对障碍。SP 型领导者希望自己的团队成员都是有才干的人，能够在自己做重大决定之前提供明智的建议。当然，最后的选择权和决定权依然在 SP 型领导者手中。SP 型领导者欣赏那些直率、毫无保留、开诚布公的员工，同时也尊重那些坚强、独立和自信的强者。

SP 型领导者在公司中也会坚持公平和正义，哪怕结果对自己不利也是如此。他们会给需要帮助的员工提供庇护，但同时也会瞧不起软弱的员工。这听起来有些矛盾，但却是事实，区别在于员工是真的需要帮助，还是本来能够保护自己却由于软弱而依赖别人的帮助，后者才是 SP 型领导者轻视的对象。这个问题揭示了 SP 型领导者粗线条外表下的内心，只有那些亲近和人际关系敏锐的员工才能感受到 SP 型领导者内心的温柔和敏感。所以，在企业中 SP 型领导者的最佳合作伙伴是对人际关系极度敏锐的理想者（NF 型）和理性者（NT 型）。

SP 型领导者如果决定花时间在自己身上而不再为公司牺牲时，他们就会变得安静、沉思。当 SP 型领导者放松时，他们的领导行为就会显示出热心、慷慨的一面。

2.成为卓越领导者

工作时永远不要对团队成员大声吼叫。感到沮丧的时候,甚至并没有针对任何特定个人的时候,切勿提高嗓门,大声吼叫所换来的结果是员工的畏惧、不满和厌恶,往往会使 SP 型领导者得不偿失。

在责备团队成员时要非常小心。当 SP 型领导者负责的事情没有按计划进行,或者没有取得成功时,SP 型领导者更要注意自己在团队成员面前讲话时的音量、提问的方式和布置工作的方法,不要让员工感觉你是在责备,不是在推卸责任。被批评,尤其是无端的批评,会使员工的自尊心遭受打击,感觉被侮辱和轻视。导致员工不愿再坦率交流,这对于有效解决问题是毫无帮助的。

要考虑团队成员相反的观点。SP 型领导者每天都应该反省,考虑一个问题:"今天谁提出的什么意见,很有道理,但我没有接受,这是什么原因造成的。"SP 型领导者要记住,当员工能坦率和真诚地向自己提出不同意见时,应该感到庆幸,这是员工接受和信任自己的表现。

方略2:带领团队果断出击,实现目标

温和 SP 型领导者的任务就是让团队成员在工作的时候充满激情、敢于创新、勇于冒险,这样才能为公司创造最新、最重要的商业机会。他们眼光敏锐,善于观察周围的一切,能从众多商机中选择利益最大的一种或者几种,然后果断出击,实现目标,如表 9-2 所示。

表9-2 温和型领导者的长板和短板

领导优势	领导劣势
富有想象力	冲动的
充满热情,聚焦	精力不集中
好奇的	反叛的
积极投入	回避痛苦的感觉
多任务处理能力	对他人的情感前后不一致
乐观	对负面反馈意见反应过度
思维敏捷	对自己的行为极力辩护
可以接收完全不同的资料	讨厌平淡的生活

1. 领导风格

SP型领导者极富创造性，喜欢拥有多个选择，因此他们总是朝着多个方向迅速前进，有时这种多选择会使团队成员感到疲惫、沮丧、无法集中精力。

由于层出不穷的新点子、新方案、新冒险，SP型领导者可以带领团队达到无比的高度，取得巨大的成就。他们的思维就像是一个自动的音响合成器，从多个渠道、过去的经验和新的发现中吸收各种想法。SP型领导者的热情极具感染力，团队成员都会聚集在SP型领导者周围，充满热情地投入工作中，贡献自己的力量。

SP型领导者也会为团队成员创造一个紧张和忙碌的工作环境，尽管其他类型的领导者也能处理多个任务、想法和活动，但只有SP型领导者会连续不断地这样做，其他类型的领导者可能只是偶尔为之，不会频繁这样做。SP型领导者通常都会全身心地投入一件事情中，他们的热情会不断积累再积累，虽然SP型领导者可以长期保持异常高昂的状态，但团队成员可能会被弄得疲惫不堪。

SP型领导者的学习力很强，尤其对那些实现目标极为有利的知识和信息，SP型领导者总是能够快速地将这些信息大量吸收，然后马上应用到实践中。但他们通常意识不到以这种速度吸收和消化信息，可能会错过一些重要的内容；即使没有，团队其他成员也会认为SP型领导者没有对相关信息给予适当的重视。如果团队成员认为SP型领导者尚未准备好，或者只了解部分情况，向他们提出重新评估信息的建议，SP型领导者会感到这些评价并不公正、准确和客观，立刻会产生烦恼、愤怒和厌恶的情绪。

SP型领导者往往非常享受被众人簇拥、环绕和崇拜的感觉，但同时他们也有严肃的一面。SP型领导者极度敏感，容易被一些事情深深打动。比如，在和一些痛苦、沮丧和造势挫折的员工面对面交流时，SP型领导者的保护欲会被激活，他们会认真地聆听、表示慰问，并提供一些创新的、有益的解决方法。

SP型领导者喜欢被团队成员肯定，但对批评却非常敏感，尤其是员工主动提出的一些负面批评意见。在被团队成员指责时，SP型领导者会寻找一些积极的理由为自己的行为辩解。比如，当SP型领导者开会迟到时，会说自己实际上给大家创造一个自由交流的机会。如果这种辩解不能奏效，SP型领导者会立刻转移话题，转而批评别的事情或团队中犯过错误的员工。当SP型领导者的思维从一个想法跳到另一个想法时,这种自我辩解或者指责行为会频繁发生,这是因为 SP 型领导者在极力避免痛苦和不舒服的感觉。

SP 型领导者所面临的挑战可以用一个词来概况,那就是"专注"。他们在面对截止期限或者其他形式的压力时,会专注于工作的交付计划和细节。当 SP 型领导者专注于自己时,会变得比较内省,沉浸在自己的世界中,或者读书,或者反省,这样他们才会感觉安全和轻松。

2. 成为卓越领导者

放慢自己的脚步。SP 型领导者至少要放慢 50% 的个人速度,多关注团队其他成员的感受,说话不要那么快、那么多,要学会长时间的呼吸。

学会发现团队成员的批评中包含的正确观点。SP 型领导者在面对批评时不要立刻开始自我辩解,不要转而指责对方,或者针锋相对,以批评对抗批评。因为"以牙还牙"一定换来"以眼还眼",多数情况下,员工的这种反抗不会体现在表面,但会反映在工作中,影响任务的高效完成。遇到这种情况,SP 型领导者应该扪心自问:"这些批评意见中哪些内容是正确的?我能从中学到什么?即使不正确的意见,也是对我工作的一种勉励。"

坚持完成自己的任务。当 SP 型领导者开始运行一个项目时,要坚持完成,不要半途又开始其他新的项目。同时要关注团队成员的工作状态和工作满意度,仔细评估团队完成新项目的可能性,发挥团队中其他成员的优势,积极听取员工对新项目的建议。要记住"自己喜欢,并不一定代表团队成员也热衷"。

方略 3:积极评价,鼓励团队成员不断努力

劝说 NF 型领导者的任务就是评价每个团队成员的优点和缺点,然后鼓励和推动员工为实现公司、团队和自己的目标不断努力,如表 9-3 所示。

表9-3 劝说型领导者的长板和短板

领导优势	领导劣势
建立出色的人际关系	迁就、讨好
认同和理解别人的感受	不够直率
支持、慷慨、积极	很难拒绝别人

续表

领导优势	领导劣势
乐观、热情	不受赏识时变得愤怒
讨人喜欢的	意识不到自己的需要
负责任、认真	过分强调人际关系
洞察别人的需要	当他人被错误对待时感到愤怒
激励他人	意识不到"自己的给予是为了索取"

1. 领导风格

在致力于帮助别人时，NF型领导者往往会忘了自身的需要，有时甚至达到了一种自我忽略的地步，这不仅会造成对他人的依赖，也会让对方产生依赖，这两种依赖都不利于建立积极和适度的人际关系，有时还可能漏掉需要帮助的人。

NF型领导者的办公室里总是同时站着好几位员工，而外边还等着几个，他们喜欢聆听、帮助同事，让同事感觉舒服一些或工作更努力一些。如果某位员工看起来不能完成任务，NF型领导者不会采取批评、打击、挖苦、施压的方式来指导员工，他们会热情地施以援手，或派遣自己信得过的员工提供帮助。

专注于别人的幸福、安乐和满足使NF型领导者几乎没有时间关心自己的需要。一方面，在想到"我怎么办"这个问题的时候，他们会产生沮丧情绪；另一方面，在很多时候，NF型领导者根本意识不到自己的需要，集中精力在别人身上带来的后果就是不再关注自己。如果这时有人问到NF型领导者需要些什么，他们要么露出困惑的表情，要么直接回应"我需要被别人需要感觉"。

NF型领导者在公司里往往有很多朋友，而这也可能导致一些内部冲突。他们内心也很纠结，他们总是想到下面这些问题：一个公司里，我怎么能关照到每位同事？我同时和这么多员工建立了友好关系，但是他们可能在工作方式、性格和观念上有所不同，如果他们同时出现在我的办公室，我该怎么做呢？然而，如果NF型领导者感觉某位同事滥用权力，他们的内心就不会再有究竟要帮助哪一方的压力，而是会坚定地支持受害一方，不管滥用权力的是管理人员还是普通员工，他们都会一视同仁。

NF型领导者最困难的一个问题还在于他们深埋在心底的"给予是为了索取"的想法。NF型领导者觉得自己非常慷慨，他们的确也是这样做的。然而，这种无私的表象下面也包含着强烈的要求回报的渴望。

尽管单纯说一声"谢谢"以及感谢的便条也会让NF型领导者感觉良好，但他们更希望帮助过的人喜欢、认可和欣赏自己：认为自己是不可或缺的，或值得尊敬的好领导。如果NF型领导者得到了这种回报，内心会深深地感到满足，如果对方没有清楚地表示感激，NF型领导者会感到沮丧、失望、愤怒，或三种情感都有。这种渴望回报的心理，其实是NF型人希望成为"圣贤"的愿望在领导行为中的具体反映。

当NF型领导者面对一些不公平的事情，或者有些人受到伤害时，他们一定会斗争到底，这时NF型领导者在压力下可能表现出SP型人的某些特征。奋斗者模式（ENFP）的领导更容易出现这状况。

有时，NF型领导者在长时间的内心挣扎或结束了费心费力的工作后，也会抽时间关注自己；或者在内心反省的时候扪心自问"我的需要是什么？"然后开始暂时放纵自己，享受生活所带来的乐趣，比如投入一些艺术爱好中，或者思索一些哲学问题。这时NF型领导者已经彻底放松，表现出理性者（NT型人）的某些特征。辅导者模式（INFJ）的领导更容易出现这种情况。

2. 成为卓越领导者

NF型领导者应该学会说"不"。在适当的时候对工作说"不"，以免过度消耗自己的精力，透支自己的能量，影响健康，牺牲对家庭和子女的关注，或者出现内心紊乱，使痛苦、沮丧、愤怒和不满不断积累。

NF型领导者应该减少团队成员对自己的依赖。把工作交给同事去处理，让他们做决定、寻找解决问题的路径，而不要事事都自己处理。

NF型领导者在进行管理的时候，应该多一些客观、少一些情绪化。当NF型领导者亲切地对待那些让自己感觉良好的员工同时对那些挑战自己或厌恶的人给予否定时，要记住"三思而后行"，因为自己所做的评价和决定不一定是最好的，要更多地关注策略和工作本身，而不是人。

方略4：求同存异，创建实现目标的环境

实干NF型领导者还有一项任务就是在团队成员理解了公司、团队和自己的目标时，求同存异，创建一个能够达成最终成果的环境，如表9-4所示。

表9-4 实干型领导者的长板和短板

领导优势	领导劣势
以任务和成功为导向	过于偏好竞争
精力旺盛	并不总是非常友善
很好的地理解员工的心声	生硬，强势
善于解决难题	隐藏内心的感受
乐观，积极	过于分散自己的精力
具有企业家精神和能力	没有足够的时间关注自己的人际关系
自信，果断，敢于面对	对别人的感受觉得不耐烦
达成结果	相信自己的形象真实地反映了自己

1. 领导风格

在不懈地追求成功的时候，NF型领导者往往牺牲了更深层的人的需求，包括自己的感受和周围人们的感受。

NF型领导者往往非常成功，随着时间的推移，他们已经学会对周围形势进行精准的判断，知道成功需要哪些条件，并为了迎接这些挑战随时调整自己的目标和行为。精力充沛，以目标为中心，NF型领导者总是一心专注于结果，寻求人们的认同和肯定。他们往往只关心做些什么，却丝毫不留意内心的感受：享受目前这一时刻的欢乐，与工作环境以外的朋友和谐相处，把时间花在私人生活所带来的幸福感。这些都是NF型领导者常常忽视的感受。

因为NF型领导者属于"以情绪为中心"的人，因此人们有时会奇怪为什么他们不愿意处理内心感受问题，不管是自己的还是别人的。事实上，NF型领导者对内心感受非常感兴趣，然而一旦他们开始关注某人的感受，目的往往是要赢得对方的尊重或敬畏。很多NF型领导者非常了解自己在这方面的想法，因此他们不愿意花太多时间考虑或者分享感受，避免给他人造成压力。

NF型领导者有时也会处理一些必须面对的感受，然而一旦处理完成，他们又会返回到工作和目标上去。还有一些NF型领导者虽然也试图对感受问题进行归纳、总结和反思，但却无法分辨出不同感受之间的差别。NF型领导者之所以识别不出这些细小的差异，一是由于缺乏进一步探讨的动机，二是事件太少，不愿付诸行动。毕竟NF型领导者更愿意关心做什么而不是感受什么。

NF型领导者的确喜欢肯定、积极的感受，只要不是过于强烈，因为这些乐观的想法可以支持他们继续前行，为实现目标服务，符合NF型领导者信奉的"只要有利，一切都可用"的实用主义领导风格。在生活和工作中，积极和消极的情绪并存；而消极的情绪，不管是自己的还是别人的，都会影响到NF型领导者乐观的态度。一些感受，比如愤怒、伤心和恐惧，都和NF型领导者极力想要避免的事情联系在一起：失败的可能性，成功的不确定性。

如果要询问NF型领导者是否经历过失败，他们最通常的反应要么是困惑于这个问题的意图，要么会直接反问："你说的失败指的是什么？"如果NF型领导者的确经历过失败，他们也会用另一个名字来替换它，将失败称为"值得学习的经历"。这个说法虽然偷换了概念，但却能让NF型领导者重新解读让人痛苦、失望、沮丧和尴尬的人生经历，也是非常贴切和有用的，因为NF型领导者善于反思，真心希望从失败中吸取经验教训，确保不再犯同样的错误。

如果NF型领导者觉得压力过大或者非常担忧，感到不安，他们会采取延缓的策略，暂时停止前进，然后从事一些能帮助他们暂时忘记忧虑的活动。有时，NF型领导者不再过分驱使自己工作，而是放下重担，开始考虑自己内心对不同事件、人们的各种想法和感受。这时NF型领导者会暂时忘记烦恼，表现出理性者（NT型人）的某些特征。辅导者模式（INFJ）的领导更容易使用这两种策略。

2. 成为卓越领导者

NF型领导者应该多关注一下自己的行为对他人的影响。NF型领导者对目标实现和效率的双重关注可能导致对人的忽视。他们应该告诫自己"在每次做决定以及对结果要求非常严格时，别忘了分析一下可能对别人造成的影响"。

要学会减轻自己的竞争意识。记住，不是所有的事情都是一场竞赛，非要分出个胜负。不要把和别人的谈话变成一场针锋相对的辩论。NF型领导者要注意发挥自己坦率、包容和友善的特点，重视与别人进行协作的重要性。

有意识地完全了解真实的自己。NF型领导者天生具有"进行自我实现，发现真我"的天赋，只是有时会被压力、焦虑和不安遮蔽，转向对工作和目标的关注。当NF型领导者觉得自己开始偏离自己的这种天赋，应该有意识地停一会儿，反思自己的行为，然而将偏离的行动调会正常的轨道。

方略5：创建和谐团队，给予关照支持

战略NT型领导者的任务就是创造一个结构清晰、和谐友善的工作环境，并给予团队成员关照与支持，促使大家共同努力完成集体的计划，如表9-5所示。

表9-5　战略型领导者的长板和短板

领导优势	领导劣势
老练，圆滑	逃避冲突
通过关注运营的细节抓住关键、战略远见	有所保留
悠闲，轻松	认不清轻重缓急
稳定，沉稳，稳健	拖沓，犹豫延迟，瞻前顾后
包容，协作	面对压力时采取消极抵抗的方式
发展持久的人际关系	优柔寡断，为了和睦选择顺从
耐心	不确定性
支持，关照	精力分散，疲惫

1. 领导风格

NT型领导者看重协作精神，愿意提供清晰的规划、时刻关注运营过程中的最新细节，他们创建的团队往往和谐融洽，但具有逃避冲突、回应缓慢、谨小慎微的缺点。

NT型领导者往往会创建一个包容、协作、和睦的工作环境，促使大家共同努力完成工作。NT型领导者享受运营公司的复杂过程，以及随之而来的挑战和任务，员工通常会发现他们容易接近，愿意向员工提供帮助。一般来说，

NT型领导者不喜欢过于直白地发表个人观点，他们传递观点的方式往往简洁、含蓄和抽象，但对员工却非常关注，而员工也觉得NT型领导者的言行鼓舞人心，让人满意。

通过收集公司的细节信息以及自身运营管理的才能，NT型领导者往往能抓住关键问题，极富战略远见。他们希望了解事情的进展，每天都关注着公司的运转细节。这种方式虽然有用，但也会造成很大的障碍，尤其表现在NT型领导者的办公桌上：堆满了等待签阅审批的文件。这种要检查所有信息的领导风格，加上NT型领导者瞻前顾后的特征，会导致公司或团队停止运转，或者至少也会让很多员工因为没有等到上司的批示而不得不停下手中的任务。

尽管NT型领导者都非常努力，但往往还是会拖延任务的完成，有些时候，他们分辨不清工作的轻重缓急。面对多个任务，NT型领导者不是先完成最紧要的任务，而是开始一个新任务，再进行另一个，完全忘了第一个任务还需要自己的投入，然后又会开始第四、第五个。在厌倦了一切后，NT型领导者可能会选择"眼不见，心不烦"策略，出去散步、慢跑、休息一下。

NT型领导者并不想拖延工作，造成这种领导劣势的原因是，他们的实用主义在起作用，当NT型领导者感到还没有找到"方式和结果之间的关系"，还没有发现"最高效的方法"时，他们往往会停下这个任务，在没有找到更高效的解决方案前，他们会投入到其他任务中去。这样的恶性循环在别人眼中就会变成一种拖延作风。

无法分清轻重缓急还与NT型领导者想要逃避冲突的想法联系在一起。他们虽然善于创建和谐的工作氛围，擅长调节分歧、达成一致意见，但如果遇到可能破坏和谐气氛的时候，NT型领导者是不愿意做出决定或者可能引发冲突的事情，以防在工作环境中产生一些不和睦的因素或者导致员工的愤怒。做决定就意味着有些人可能不会同意自己的观点，而对一方有益的决定会让另一方不开心。最好的办法就是暂缓工作的进行。冲突往往让NT型领导者觉得不舒服，他们尤其厌恶那些直接针对自己的愤怒，所以NT型领导者宁可拖延目标的完成，也会竭尽全力保护和睦，不让员工感到烦恼。最终，NT型领导者虽然会完成所有任务，但往往很不准时，投入的成本和精力也会更高。

NT型领导者不太坚持己见，也不喜欢对他人提出过分的要求，这种谦逊、低调的作风可以为他们赢得员工的爱戴。然而让 NT 型领导者感到沮丧的是，很多时候，人们往往不像对待别人那样重视他们的观点，这会让 NT 型领导者有一种被忽略的感觉。这种结果的始作俑者正是他们自己，由于 NT 型领导者总是采取一种随便、谦逊、内敛、简单的方式表达自己的观点，别人也许根本意识不到这个观点是他们强烈坚持的。

在面对复杂的问题时，NT 型领导者会提供多种不同的观点，并对这些观点如何发挥作用做出解释。在讨论那些没有直接牵扯到自己的冲突或决定时，NT 型领导者也会把双方的观点都罗列出来，或者只提出一方未表达出来的观点。他们认为所有不同观点都应该被考虑到，包括会引发冲突的观点，有时 NT 型领导者这种行为，让员工很难分辨出他们的立场。

即使在处理一些对自己非常重要的问题时，NT 型领导者这种不会直接表达观点的言谈特点仍然非常明显。比如，绝大多数 NT 型领导者愿意按照自己的时间表做出决定，如果觉得有人在逼迫自己做些别的什么事情，他们的内心往往会非常不满，但又不会直接表示拒绝；他们可能的反应就是什么也不说，什么也不做。在有压力的状态下，这种消极抵抗的行为方式表明 NT 型领导者不愿意和别人直接对抗，从而能避免冲突；然而这往往也会让别人对 NT 型领导者真实的决定和计划感到茫然不知所措。

NT 型领导者不喜欢命令，在感受到压力时，他们往往会变得激动、尖刻、内心充满怀疑。他们可能会质疑别人的动机，或者表达一些对别人苛刻的负面评价。NT 型领导者感觉舒适和放松的时候，工作起来效率会很高，对结果非常关注，这时他们会表现出 NT 型人实干的特点。

2. 成为卓越领导者

要学会更多地表达自己。取代那种首先要了解别人想法的行为方式，应该敢于表达自己的看法和感受，然后听取他人的反馈意见。

强调那些最重要的事情。谈话时不要再长篇大论，列举太多的细节、模型、数据和专业术语；要向 SP 型领导者学习聚焦，尝试着突出那些自己认为重要的论点，就像是进行 PowerPoint 演示一样。

完成办公桌上堆积的工作。不要因为自己手中堆积了太多的工作，阻碍公司或团队的正常运转。

方略 6：创造稳定的环境，共同解决问题

探索 NT 型领导者的另一项任务就是发展创造性地解决问题的环境，让每个团队成员都有一种归属感和安全感，觉得自己是团队中不可或缺的一员，从而促使问题最终得到解决，如表 9-6 所示。

表9-6　探索型领导者的长板和短板

领导优势	领导劣势
对公司和员工保持忠诚	警惕，怀疑
负责任，责任感强	忧虑，焦躁
有实际经验	过于顺从或过于挑战
协作、协调和平衡	不喜欢模棱两可
战略性，全局感，预见性	分析能力会暂时中断
才思敏捷	把自己的想法强加于人
坚定不移	防御性强
善于预见问题，前瞻性	牺牲自我，否定自己

1. 领导风格

喜欢怀疑的本性，再加上对他人、自己、周围环境的敏锐洞察力，NT 型领导者创建的工作氛围，要么具有极高的忠诚度，要么彼此之间互不信任，要么两种情况来回变动。

NT 型领导者可以给自己的团队成员带来激励，但有时也会让员工感到困惑。这是因为他们有时表现得大胆、自信，有时又会退缩、畏惧，这种极端的领导行为，让员工开始怀疑："在这交替出现的自信和畏惧后面究竟隐藏着什么？"上述两种矛盾的表现都是 NT 型领导者领导素质的组成部分。

在 NT 型领导者感受到潜在的问题后，他们可能表现得非常大胆、过于自信，这背后有两个完全不同的原因：第一个原因，在 NT 型领导者担心或者害怕的时候，他们可能会绕开内心的忧虑，迎接挑战，全力以赴处理问题，就像一点都不畏惧困难一样，这种直面问题的反应就是 NT 型领导者的"反恐惧"措施：直接对抗恐惧、忧虑和困难。第二个原因，如果 NT 型领导者对解决问

题的方案非常自信，也会表现得这样勇敢。

NT 型领导者如果还在质疑自己、他人或周围的形势，他们的表现会和上面介绍的完全相反，这种反应可以被称"畏惧反应或恐惧反应"。内心的恐惧，再加上随后要介绍的"NT 型领导者分析能力的暂时中断"，会使 NT 型领导者保持不动、反应延迟、畏手畏脚。有些 NT 型领导者认为是自己忘记处理问题了，其实，他们只不过还不确定如何行动。

NT 型领导者往往会把注意力集中到权威人物身上，哪怕自己也是领导团队中的一员。在 NT 型领导者看来，领导者的任务就是公平地使用权力，不要让任何人成为滥用权力的受害者。因此，NT 型领导者和权威人物之间的关系往往是非常矛盾的。有时，他们和老板是朋友，维持着和谐、长久的忠诚关系；有时，他们又会强烈地反抗权威，尤其是在没有安全感或者觉得权威在滥用权力的时候；有时，NT 型领导者还会交替表现出上述两种不同行为。

NT 型领导者和自己的上司之间的关系可能是积极的、消极的或者二者都有，这取决于他们是否信任自己的上司、是否同意上司做出的决定、上司是否给了他们足够的支持、关注和尊重等条件。而 NT 型领导者和自己团队成员之间却有着非常亲密的关系，当然前提是这些员工忠于自己和公司时。对 NT 型领导者来说，忠诚是一个关键问题：因为他们无论是对公司、团队还是自己的上司都无比忠诚，同时也会尽全力保护自己的员工。作为回报，NT 型领导者也希望得到下属的一贯支持，对工作的无私奉献，对团队的长期忠诚。

对那些和自己志趣相投的同事，NT 型领导者经常和他们建立起战略同盟的关系，这种工作友谊可以达到多个目的。如果 NT 型领导者在团队面前发表了一个有争议的观点，这说明他们相信团队中的大部分成员会支持自己。这种特殊的关系还使 NT 型领导者在工作中或私下有交流的对象：工作中，双方可以讨论一下各自的观点并决定表达的方式。私下，如果 NT 型领导者对自己所说的内容以及别人的反应感觉不舒服或焦虑，他们可以和信任的人谈一谈自己的感受。

NT 型领导者在感到害怕或恐惧的时候可能会表现得不太活跃，但在对抗畏惧和不安的时候也会采取非常大胆的行动。然而，面对较轻或者中度的压力，NT 型领导者也会把精力集中到结果上，表现出自己的条理和决断力，这时 NT 型领导者可能表现出 SP 型人的某些特征。奋斗者模式（ENFP）的领导更容易这样回应压力。

当忧虑减轻时，NT型领导者也会沉浸在一些让自己满足、轻松和喜悦的活动中，比如散步、爬山、写作、看书或者其他一些让人放松的消遣娱乐。这时NT型领导者会感到安全，表现出理想者（NF型人）的某些特征。奋斗者模式（ENFP）的领导更容易出现这种状态。

2. 成为卓越领导者

要学会处理好自己和权威人物的关系。认真思索一下自己以往与上司以及权威人物之间的关系，尤其是那些破坏自己职业生涯或伤害了其他同事的事件，然后从中吸取经验。

要学会控制自己的焦虑情绪。在刚刚发现了一些焦虑的苗头时就应该采取措施，积极干预和控制，然后通过一些方式来减轻焦虑的破坏性，比如谈话、散步、听音乐、旅游或者其他有效的方法，而不是去设想一些最坏的场景。记住"烦恼并不能解决问题"。

要培养和发现旗鼓相当的对手。在热切地寻找忠诚的同时，别忘了从和自己志趣相投的同事以及下属中间发现、培养一些真正的对手。要记住"真正的对手才是自己作为领导者成长和发展的推动力"。

方略7：给团队设定清晰的目标

分析SJ型领导者的任务就是设定清晰的目标，监督、督导和鼓舞他人更高质量地完成任务，如表9-7所示。

表9-7 分析型领导者的长板和短板

领导优势	领导劣势
使用实例进行引导	对刺激易起反应
努力追求质量	过于挑剔
追求完美	受到批评时开始自我辩护
有组织，有秩序	意识不到自己的愤怒
稳定，安全	过于关注细节
感觉敏锐	爱控制
诚实	固执己见

1. 领导风格

在不懈地追求完美和质量的过程中，SJ 型领导者在极近病态地耗尽自身能量的同时，也让其他人不断感觉到自己的不足，不断被 SJ 型领导者人批评，或者被过度约束。

在公司里，SJ 型领导者通常会将某些工作和行为设定为值得模仿的标准，为的是让其他人不同程度地竞相仿效。由于内心追求质量的天性，SJ 型领导者会竭尽全力确保完成的工作井井有条、符合要求，而员工也都被安排在了正确的位置上。他们常说："好，但还永远不够好，任何事情都要完成得百分之百完美。"

即使 SJ 型领导者已经全力控制自己爱挑剔的特性，别人还是能够感受到来自他们的批评，这种判断源于 SJ 型领导者的非言语行为以及他们说过和未说过的内容。比如，SJ 型领导者对一个人优秀的工作表现进行了热情洋溢的赞扬，而对另一个人不那么完美的表现保持沉默，这实际上等同于一种批评。

SJ 型领导者总是很亲切地和他人交流，同时力求自己的行为无可指责。比如，在了解了一个员工的优点和缺陷后，SJ 型领导者也不愿意在第三者面前做出对这位员工的负面评价。首先，他们认为在别人面前贬低另一个人是一种不尊重他人的表现，同时也树立了一个坏榜样；其次，SJ 型领导者很清楚，即使自己对他人的印象如此强烈，推论仍然有可能出错，因此在没有充足证据支持的情况下，他们绝不会故意冒险伤害别人，因为这可能引发冲突。

尽管可能不那么明显，但事实上，SJ 型领导者对自己的苛求程度远远超过对待他人。由于内心偏好自我批评的习惯，他们往往能感受到来自别人的负面反馈意见，不管这些意见是含蓄的还是明确表达出来的，而这些 SJ 型领导者认为的批评性反馈又会导致内心的自我贬低。当 SJ 型领导者听到批评意见时，他们的第一反应往往是自我辩护，以证明对方是错误的。稍后，他们才开始重新考虑那些反馈，有时甚至会向对方表达歉意。对绝大多数 SJ 型领导者来说，自我改善是伴随一生的任务。而诚实，尤其是和偏见的自我认识相联系时，就会成为 SJ 型领导者核心的价值标准。

另外，如果 SJ 型领导者并不同意别人的批评意见，他们可能什么也不会说，但内心却开始压抑一种怨恨的感觉。这些未经表达的感受会随着时间的流逝不断积累，然后会在无法预想的情况下爆发出来；而这些怒火针对的可能是很久以前发生的事情或某个人的行为。当然，SJ型领导者有时也会详细阐述自己的感受，但这只在他们信任对方的情况下才会发生。

如果SJ型领导者在很长一段时间里充满怨恨、愤怒和沮丧，他们会感觉失望，这时他们会表现出NT型人的某些特征。另外，SJ型领导者在放松时，尤其是远离工作和责任的时候，会变得非常愉快、充满兴致，这时他们会展现出SP型人的特征。

2. 成为卓越领导者

把"有效"而不是"正确"作为衡量标准。每次在对别人产生强烈不满、在坚持己见，或者在相信某种特定做法才是正确的时候，SJ型领导者要学会尝试询问自己一个问题"正确或者有效，我更倾向于哪一个？"

把工作更多地委托给别人。SJ型领导者应该记住下面几个原则：把整个任务委托给别人，而不只是其中的一个部分；主动和对方讨论一下任务的目标、时间规划、交付条件以及实施过程；定期察看工作效果；积极地评价可以带给别人鼓励。

让工作充满更多乐趣。SJ型领导者应该让工作少一些紧张，多一点快乐。比如，把最喜欢的照片放在桌子上；把好喝的茶和点心与大家分享；显示自己的幽默，让他人感受到自己轻松的一面；传阅一些有趣的文章，包括少许的"心灵鸡汤"。

方略8：创建有效的团队，提供后勤支持

协作SJ型领导者的另一项任务就是通过调查、审议和规划，创建一个有效的团队，促使所有系统配合良好，然后提供后勤支持，使大家为了一个共同的使命而努力奋斗，如表9-8所示。

表9-8 协作型领导者的长板和短板

领导优势	领导劣势
爱分析	割裂
具有洞察力	冷淡
客观	过于独立

续表

领导优势	领导劣势
有条理	有保留
充分规划	对人际关系不够重视
紧要关头有卓越表现	不愿意和他人分享信息
坚持，坚忍	顽固
老练	对他人挑剔

1. 领导风格

由于沉默寡言的倾向以及对知识的不断追求，SJ型领导者有时并不能让别人充分感受到自己的才干，同时管理的团队也会缺少一些情感要素。

在采取一些战略性步骤之前，SJ型领导者需要对公司有一个完整的了解。一旦掌握了公司内部的结构，比如战略、组织结构、企业文化、技能、报酬等复杂因素之后，他们会把这些片段放在大的发展趋势中去，开始收集公司资源，最后采取行动。SJ型领导者进行的这种严苛的事先分析会花费很多时间，但结果证明这是完全有必要的。有时，这些分析对结果也许毫无作用，甚至是在做无用功，但正是这种事前的"三思而后行"使SJ型领导者不会犯实质性错误，毕竟在他们的词典中"安全最重要"。

SJ型领导者也会选择合作或积极沟通，但做这些的目的都是保证质量，一旦达到了目的，他们就会停止或减少这些情感投入。大多数情况下，SJ型领导者会忽略自己以及公司的情感生活。当感觉或情绪出现的时候，他们往往会下意识地回避，事后才会逐渐察觉到自己当时的真实感受：这种感受可能更深，也可能很浅。"事后"可能是几分钟、几个小时之后，但也可能是几个月之后。由于SJ型领导者并不会把情感，不管是自己的还是他人的，完全包括到组织这个综合体中，因此他们做出的一些决定可能是不完整的。另外，如果不考虑员工的感受，他们也会有一种不被认可或者不被激励的感觉。

这并不是说SJ型领导者对自己或他人的需要从不做回应。事实上，当感情问题非常严重时，不管是个人的还是公司的，SJ型领导者都会表现得非常坚定。他们的注意力全部集中在相关的事情和人身上，SJ型领导者更是在整个过程都会待在现场。由于自身具有的客观性，SJ型领导者可以说是卓越的危机处理人员，他们始终保持着头脑冷静，却又不忘关心深陷危机中的个人。

SJ型领导者不管在工作环境中还是在非工作场合，都不愿意和别人分享个人信息。在他们看来，这种信息和工作无关；同时，讨论这种问题也是对隐私的一种侵犯，这对SJ型领导者来说非常严重。另外，SJ型领导者非常看重自主权和自力更生的价值，他们只在有需要的时候才会依赖别人，包括对权威的信赖，因为权威可以帮助他们实现安全感。

SJ型领导者也不喜欢来自他人的突然袭击、自己不太同意的期望或者要求。比如，一些来自他人的要求往往牵扯到花费时间或者分享某些信息，这是SJ型领导者不愿意投入和给予的。尽管他们喜欢与人接触、渴望联系，但更推崇与他人保持距离，SJ型领导者会为自己划定一个私人空间，向别人清楚地表明什么时候可以进来，什么时候决不要擅自闯入。

SJ型领导者喜欢观察生活，对他人具有敏锐的洞察力。对知识的渴求使他们从书本或者其他地方获取了大量的信息。除了自身的才干和掌握的知识，SJ型领导者还具有幽默感，只是他们不愿意展示自己这种才能。他们不喜欢别人的注视或者谈论，也真心地不愿意影响别人或者把自己的观点强加给别人。基本上，推销，尤其是推销自己，可以说是对SJ型领导者真正的挑战。

然而，有时SJ型领导者也会表现得大胆、风趣、极富交际能力。这种改变有两个原因：第一，因为和对方的交流让人感觉非常舒适；第二，必须要这样做，比如为了按时按质完成任务，在公共场所发表演讲等。第二种给人带来压力的场合，SJ型领导者往往会变得更加外向、优雅、善于合作，供给者（ESFJ）模式的SJ型领导者这种表现尤其突出，这时他们会显现出NF型人的特征。在极度舒适的情况下，SJ型领导者也会开始发号施令，在面对新情况时心中也充满着能量和自信，这时他们会表现出SP型人的特征。

2.成为卓越领导者

专注于团队的相互依赖关系。帮助团队改善彼此之间工作的衔接，加强协作关系，而不是将精力放在如何发挥个体才干和自主权方面。这方面，要向SP型人学习。

更多地关注人际策略。了解到哪些人将要参与任务后，试着以有效的方式影响他们，而不对这些社会关系采取忽略、视而不见或者不够关注的态度。这方面要向 NF 型人学习。

停止过度地分析和战略制定，赶快行动。想并不等于做，分析不等于实际，战略也不等于行动。况且 SJ 型领导者并不具有制定战略的天赋，他们制定的战略往往具有理想化的烙印，可行性不高。要记住"我们宁可在行动中犯错误，不断改进，或者在不太确定如何操作的情况下寻求专家意见，也要快速转到行动的轨道上去"。这方面，要向 SP 型人和 NT 型人（制定切实可行的战略）学习。

二、改善我们的领导能力

MBTI 8 种卓越领导者的领导能力各不相同，但同样都极具效率。一个领导者如何定义领导才能，往往决定着他的日常行为，反过来可能也是如此。我们分属于不同的人格类型，具有各自的优点和缺点。我们的行为模式通过日常的成功或失败得到进一步加固，而领导能力也基于自己的认识和体验得到进一步发展。

每种 MBTI 人格类型的领导者都展现着领导能力某一方面的重要特点，我们可以从这八种天赋禀异的领导特质中获益：

主导型：挑战和支配，推动关键工作的进行。
温和型：活跃和选择，极富创新精神，温和灵活。
劝说型：给予和奉献，为他人提供动力和服务。
实干型：目标和实践，追求结果。
战略型：和谐与和睦，包容，追求一致。
探索型：质疑和怀疑，具有洞察力，善于规划。
分析型：勤奋与品质，追求完美。
协作型：知识与审视，强调客观的重要性。
每种领导特质都能在特定的情形下发挥重要作用：
· 关注质量的公司可以从分析型领导者追求完美的特点方面获益不少。

- 士气低落的公司则需要劝说型领导者，他们比较善于调动雇员的积极性。
- 如果一个公司在生产率方面存在问题，那么一个专注于结果的实干型领导者会比较合适。
- 在公司发展的紧要关头，协作型领导者可以利用其客观性的特点为公司设定清晰的组织方针。
- 有些公司的管理理念和企业文化是先行动后提问题，那么适合它的就是具有洞察力、善于规划的探索型领导者。
- 温和型领导者利用自己的创新和灵活，可以帮助那些停滞不前、自鸣得意的公司发展到新的高度。
- 如果公司在发展方向上存在危机，不知所措，举步不前，就需要主导型领导者的帮助。他们可以"移山开路""遇水搭桥"，推动关键工作的进展。
- 战略型领导者追求一致的个性特点，可以帮助公司创建一种包容与和谐的工作氛围，为公司所有成员解除后顾之忧，在稳定的环境中达成一致的意见。

试想一下，在同一家公司中，每种不同类型的领导者发挥各自的领导特质，那么这种综合的领导才能以及由其决定的领导风格和行为将会得到显著的扩大和丰富。如此一来，每个公司都会更有动力与活力，每个雇员都会加倍努力，公司和雇员的目标一致，效率也会更高，从而取得更大的成功。

每个人的领导风格都和自己的 MBTI 人格类型直接相连，因此我们可以充分利用 MBTI 这一有效的工具向前发展并扩展自己的领导能力。让我们从下面这些建议开始做起：

- 欣赏和利用自己特殊的领导天赋。学会欣赏和管理自己与生俱来的一些特性也是一种挑战。每个领导者具有的天赋都会吸引到自己的追随者，我们应该认识自我，并学会欣赏自己的卓越领导力。
- 扩展自己有关领导才能的认知与观点。我们对领导能力的定义或者价值观决定着什么对我们来说是重要的事情，而这会影响到我们领导行为。这些不同的价值观并不必然是正确的或者错误的，它们发挥着很大的作用，但同时也限制着我们的行为。扩展自己对领导能力的认识和看法，这样我们取得的成就也会随之扩展。
- 适度发挥自己在领导才能方面的优点。但要时刻谨记，优点在过度利用时往往会转化为缺点。我们应该了解自己的优势，然后适度地加以利用，这样还可以鼓励我们将自己的技能扩展使用到新的领域，以一种新颖和富有成效的方式借助他人的优点。
- 认真对待那些可能会让自己偏离轨道的事情。有些事情甚至可以导致最优秀的领导者偏离轨道，我们应该了解这些事情，并且在它们导致任何严重的问题之前做好预防措施。
- 征求反馈意见。和熟悉自己的同事讨论一下和自己人格类型相联系的优点以及那些可能会导致自己偏离轨道的事情，听取他们诚恳的反馈意见，并和自己的领导风格和行为进行比较。
- 和辅导者一起工作。我们会发现，和一个有经验的管理辅导者一起工作，会给自己带来很大的帮助，最好这个辅导者还对MBTI，或者其他人格类型理论比较熟悉。在确定了自己和辅导者都一致同意的工作目标后，我们才可以深入领导者的本质，通过"性格领导力"来更好地理解自己的领导风格，同时还可以进一步考虑一些更深层次的问题。
- 敢于尝试去做一些不同的事情。同时也敢于参与一些看起来和自己的领导风格完全不同的活动。这种尝试和挑战可以帮助我们从通常熟悉的行为模式的禁锢中走出来，从而成就最佳的自我。

包容与改变：整个人，整个生命

假如你我的渴望有所不同，请不要对我说你的渴望微不足道。

假如你我之间的信仰有别，请不要将试图纠正我信仰的想法付诸实践。

假如在同样的情景下，我的情绪远不如你那样紧张，或是紧张程度大大超过了你，请不要试图影响或改变我的感受。

假如我的行为不符合你所设计的行为方式，请不要对我横加干涉；假如我果真遵循了你的行为方式，你也无须兴高采烈，对我大加赞赏；一切皆应顺其自然。

我并不要求你能理解我，至少，在现在这一刻，我并没有这样的打算。事实上，现在的你也许正琢磨着如何才能将我变成你的"复制品"，而只有当你心甘情愿地放弃这一想法时，我才会提出这一要求，或者说，你才有可能会理解我。

假如你愿意大度地包容我的渴望或信仰，或是宽容地接纳我的情绪、需要或行为，那么，你便为自己的人生开辟了一种新的可能。也许，有一天，你会觉得我的这些思维及行为方式似乎并不像你当初认为的那样；或者，最终，你会觉得他们看起来似乎并没有任何不妥。那么，请你理解我，包容我。

所谓包容，并不是简单地认同我的思想、行为和渴望，而是真正地接纳他们。从此以后，你不会再因为我那看似任性的言行而变得暴躁不堪，或感到失望透顶。也许，有一天，就在你尝试着理解我的同时，你会发现自己竟然也开始珍视彼此之间那些不同之处，你甚至会小心翼翼地呵护这些宝贵的"差异"。而回想当初，你曾经想尽一切办法，一心只想改变我，让这些"差异"从世界上消失。

"我"可以是你的配偶、父母或孩子，也可以是你的朋友或同事。不过，无论我与你是何种关系，我都清楚地知道：我和你是两名完全不同的击鼓手，而为了让我们之间的击鼓旋律保持和谐，我们只能努力地去包容和认真地去倾听对方的击鼓节奏。